KB105365

화랑
이야
기

황순종 지음

화랑 이야기

사다함에서 김유신까지, 신라의 최전성기를 이끈
아름다운 고대 청년들의 초상

인문서원

천년왕국 신라를 이끈 청년들

화랑(花郎)에 대해 한국인이면 누구나 아는 듯하지만 실제로는 그 조직이 애국적인 젊은 무사집단이라는 정도로만 알고 있는 형편이다. 그런데 신라 당대의 저술인 『화랑세기(花郎世紀)』가 뒤늦게나마 발견되어 우리 모두의 궁금증을 상당 부분 해소해준 것은 참으로 다행한 일이 아닐 수 없다.

다만 『화랑세기』 내용이 예상과 달리 화랑의 우두머리인 풍월주들의 복잡하게 얽힌 가족 관계에 치중하여 아쉬운 점도 없지는 않다. 하지만 화랑제도가 존속한 23대 법흥대왕 때부터 30대 문무대왕 때까지 약 170년 동안의 정치적·사회적인 상황을 충분히 그려볼 수 있는 하나의 키워드로 '화랑'을 제시한 책으로 귀중한 자료임은 아무리 강조해도 지나치지 않을 것이다.

『화랑세기』를 보면 화랑 조직이 단순히 무사를 기르는 역할에 그치지 않고, 전인적인 인격을 갖추게 하여 국가를 이끌어갈 인재를 양성하는 핵심이었음을 알게 된다. 그 서문에 "옛날에 화랑은 신을 받드는 일을 주로 했으나, 귀족의 자제들이 줄지어 무리에 든 이후 화랑은 도의를 서로 힘썼다."고 했다. 말하자면 화랑은 신라의 미래를 짊어진 젊고 유능한 엘리트 배출의 산실이었던 것이다. 당연히 신라의 역사에 이름 높은 재상과 충신, 장군들 가운데는 화랑 출신이 대부분이다.

그러므로 신라 말의 대학자 최치원은 화랑인 난랑의 비석문에서, 화랑들이 받드는 우리의 신선도(神仙道)를 풍류(風流)라고도 하는데 유교·불교·도교의 세 가르침을 내포한 오묘한 도라고 했다. 또 단재 신채호 선생은 화랑의 국풍이 사라지고 유교적 사상이 만연하게 된 것을 탄식하여, 국풍의 부활이 민족의 독립과 발전을 위하여 절실함을 강조하였다. 『화랑세기』를 통해 화랑의 정신이 민족의 얼이며 우리의 골수라고 갈파한 단재 선생의 심정에 독자들이 공감하는 계기가 되었으면 하는 바람이다.

『화랑세기』의 저자 김대문(金大問)에 대해서는 『삼국사기』의 「열전(列傳)」 중에 간략히 나와 있다. 그는 704년(성덕대왕 3년)에 한산주 도독이 되었고 약간의 전기를 썼는데 『고승전』·『화랑세기』·『악본(樂本)』·『한산기』 등이 남아 있다고 했다. 김대문은 『화랑세기』 서문에서 "화랑이란 선도(仙徒), 즉 선도(仙道)를 믿고 행하는 무리를 말한다."라고 정의하고 있다. 선도(仙道)는 단군 이래 우리 고유의 가르침(종교)으로 신선도(神仙道)라고도 하는데, 화랑은 이 선도를 따르는 무리라는 것이다.

화랑의 유래에 대한 『화랑세기』의 내용을 간추리면 이렇다. 옛날 중국의 연(燕)나라 부인이 선도(仙徒)를 좋아하여 아름다운 남자를 많이 길러 국화(國花)라 했는데, 그 풍속이 점차 동쪽으로 와서 신라에서는 원래 여자들을 뽑아 원화(源花)를 삼았다.

23대 법흥대왕이 세상을 떠나고 24대 진흥대왕이 7살의 어린 나이에 즉위하자 법흥대왕의 황후였던 지소(只召)부인은 태후로서 섭정을 하였다. 이 지소태후가 여성을 원화로 삼던 것을 폐지하고 남성인 화랑을 두었는데, 법흥대왕이 재위시에 위화(魏花)를 매우 사랑하여 그를 화랑이라 불렀다. 화랑이라는 이름은 여기서 비롯되었다고 한다.

『화랑세기』에는 현대인인 우리 눈에는 매우 충격적인 내용들도 많이 있는데 그중 2가지만 언급하고자 한다. 첫째, 신라는 스스로 신(神)인 대왕들이 다스리는 신국(神國)으로 자처하여 강한 긍지와 나름의 독특한 정치적·사회적 체제를 유지했다. 대표적인 것이 대왕이나 황후 등의 호칭을 썼다는 것이며, 독자적인 연호(年號)를 사용함으로써 중국과 마찬가지로 황제국으로 자부했다.

둘째, 신국으로서의 독특한 혼인 풍속이다. 기본적으로는 일부일처의 혼인제도가 성립되어 있었지만 신국의 특성상 대왕을 위시한 왕족이나 귀족들은 신이나 그에 준하는 존재로서 정실부인이나 남편 외에 다른 부인이나 남편들을 두었다. 또 친족혼도 광범위하게 이루어졌다. 이런 면은 오늘날의 유교적·기독교적 윤리의 관점에서 보면 이해하기 어렵다. 그러나 사회적 제도나 윤리적인 규범은 시대나 민족에 따라 다르고 변화하는 것이기 때문에 하나의 잣대로 평가할 문제는 아니라고 본다.

이 책은 제1부에서 『화랑세기』의 서술을 토대로 1세부터 32세까지 한 시대를 풍미한 뛰어난 우두머리 화랑들의 이야기를 따라가 보았다. 『화랑세기』는 1989년에 일부가 처음으로 세상에 알려졌고 (발췌본), 1995년에 전체 내용이 알려졌는데(필사본), 둘 다 남당 박창화(1889~1962) 선생이 일본 궁내성 도서료에 근무할 때 필사한 것이다. 이를 토대로 이종욱 교수가 많은 노력 끝에 원문을 확인, 보완하고 완역하여 1999년과 2005년에 각각 주해서를 출간했다.

이 책에서 소개한 『화랑세기』 내용은 완역은 아니지만 가능한 한 원문에 충실하게 옮기려고 했다. 번역을 함에 있어 이종욱 교수의 연구에 크게 의지했다. 다만 원문에 읽을 수 없는 글자가 군데군데 상당히 많기 때문에 어떤 부분은 과감하게 삭제했다. 부분적으로 읽기 어려우나 문맥을 짐작할 수 있는 것은 가능한 한 살려서 필자가 보완했다.

또 『화랑세기』의 '세기(世紀)'가 의미하듯 그 내용이 풍월주들의 선대 및 후대족보와 가족 관계에 치중하여, 너무나 많은 사람들의 이름이 등장하고 그들 간의 관계가 종횡으로 그물같이 얽혀 있으므로, 부분적이나마 불필요한 내용도 줄여 읽기에 다소 편하도록 했다. 반면 김유신과 무열대왕에 대해서는 『화랑세기』에 아주 간략히 서술하고 역사책에 넘겼으므로 필자가 다소 보충했다. 또 신라 중흥의 주역인 법흥·진흥 및 문무대왕은 화랑은 아니지만 그 업적을 간략히 서술하여 신라사의 이해에 도움이 되도록 했다.

제2부에서는 풍월주가 아닌 화랑으로 『삼국사기』와 『삼국유사』

에 간헐적으로 기록된 화랑을 소개했으나 그 숫자가 너무 적음은 매우 아쉬운 점이다.

끝으로 어려운 여건에서 이 책을 출판해준 인문서원의 양진호 대표에게 깊은 감사의 뜻을 전한다.

2017년 1월
황순종

제1부

『화랑세기』의

풍월주들

1세 위화

"위화랑은 화랑의 시조이고 승려의 아비이다. …… 살아서는
신선이요 죽어서는 부처로서 원만하게 늘 존재하니, 공덕이
모자람이 없도다."

_ 『화랑세기』

"화랑의 시조이고 승려의 아비"라고 칭송받은 풍월주 1세 위화
(魏花)는 섬신(剡臣)과 벽아부인(碧我夫人) 사이에 태어났다. 어머니 벽아
부인이 비처(毗處)대왕[1]의 총애를 받아 위화는 대왕의 마복자(摩腹子)가
되었다. 마복자란 신라 특유의 제도인데, 글자 그대로 풀이하면 '배

---

1   『삼국사기』에는 21대 '소지'마립간을 '비처'마립간이라고도 한다고 했다. 신라에서는 23대
     법흥대왕 때부터 대왕이란 호칭을 썼으며, 그 전에는 거서간, 차차웅, 이사금 등의 호칭을
     쓰다가 19대 눌지에서 22대 지증까지는 대왕을 마립간이라 불렀다.

를 맞춘 아들' 정도로 해석된다. 남편의 아이를 임신한 부인이 아이를 낳기 전에 높은 지위의 다른 남자로부터 사랑을 받은 뒤 아들을 낳으면, 그 남자가 자기의 아들로 삼을 경우에 그의 마복자가 된다.

위화는 백옥 같은 하얀 얼굴에 맑은 눈동자, 연지처럼 붉은 입술과 하얀 이를 가진 미남이었으며 입을 열어 말을 하면 바람이 일었다고 한다. 어머니 벽아부인은 위화에 앞서 딸을 하나 두었는데 이 딸이 비처대왕의 황후 벽화부인(碧花夫人)이 되었다.[2]

위화는 누나인 벽화부인이 궁으로 들어가자 동생 신분으로 궁을 출입하여 총애를 받았다.[3]

당시 비처대왕은 아들이 없어 부군(副君)을 두었다. 부군이란 태자로 삼을 아들이 없을 경우에 왕족 가운데 왕위 계승권자로 정한 이를 말하는데, 이때의 부군은 뒤에 지증마립간이 된 지대로 대왕을 말한다. 부군의 아들 법흥(法興)은 당시 국공(國公)의 자리에 있었다. 그런데 비처대왕은 부군의 아들이자 국공인 법흥보다 황후의 의붓동생인 위화를 더 총애하였다. 아시가 이에 법흥에게 권하여 위화

---

2   여기서는 황후라고 하였으나 정실 황후는 선혜부인이었다. 선혜부인은 『삼국사기』에 황후로 기록했으며, 『화랑세기』에도 황후로 나온다.

3   벽화부인에 대해 『삼국사기』〈소지마립간 22년〉조에는, "9월에 왕이 날이군에 행차했다. 고을 백성 파로에게 딸이 있어 벽화라 하고 16살인데 실로 나라의 으뜸가는 미인이었다. (중략) 왕은 (중략) 그 아름다움을 잊지 못하여 두세 번 남몰래 미행하여 벽화와 동침하였다. (중략) 몰래 그 여자를 맞아 별실에 두고 그 몸에서 한 아들을 낳기에 이르렀다."고 기록했다. 그 직후 11월에 왕이 세상을 떠났기 때문에 벽화부인이 황후가 되었다는 기록도 없고 그녀의 아들이 그 후 어떻게 되었다는 기록도 없다. 다만 소지마립간 다음 〈지증마립간 원년〉조에 보면, "전 왕이 아들이 없이 돌아간 까닭으로 왕위를 이었다."고 하여, 벽화부인이 낳은 아들은 정실 아들로 취급하지 않은 것을 알 수 있다.

에게 절하게 했다. 위화가 이 사실을 아버지에게 고하니 아버지는
조언했다.

"국공이 너에게 절을 한다는 것은 너를 신하로 삼기 위한 것이
다. 지금 대왕은 늙었고 국공은 대망을 가지고 있다. 너는 그를 섬
겨야 한다."

아버지의 말을 들은 위화는 법흥을 찾아가서 신하[4]가 되었고, 아
버지의 예측은 적중했다. 훗날 왕위에 오른 법흥대왕은 위화에게
"나의 등통(鄧通)[5]이다."라고 속마음을 털어놓았다. 얼마 지나지 않아
비처대왕이 세상을 떠나자 지증대왕이 즉위하고 법흥을 태자로 삼
았다.

참고로, 신라 때 저술한 『화랑세기』는 호칭 면에서 보면 나라의
주인을 대왕(또는 대제)이라 하고 그 부인을 황후, 대왕의 대를 이
을 아들은 태자, 대왕의 어머니는 태후 등으로 기록하고 있다. 황제
국인 중국과 대등한 호칭을 썼던 것이다. 또 대왕과 황후의 죽음을
'붕(崩)'으로 쓰고 있는데 이 역시 중국의 황제와 대등한 표현이며,
다음의 급으로 태자나 여러 공(公)의 죽음에는 '훙(薨)'을 썼는데 이
는 중국에서 제후왕의 죽음에 쓴 용어이다. 반면에 고려 때 편찬한
『삼국사기』에서는 사대주의에 입각하여 스스로 낮추어 '왕'이나 '왕
비'라 하고 '훙'으로 기록하였다.

---

4   신하는 일반적으로 왕에게 속한 것이지만, 당시 귀족에게도 신하가 있었으며 이 경우에는
     사신(私臣)이라 구별하여 말했다.
5   중국 한나라 문제의 총애를 받은 신하이다. 관상을 보니 평생 가난할 팔자라고 하여 문제
     가 등통에게 동전 주조권을 주었지만, 결국 가난하게 살다 굶어죽었다고 한다.

위화는 누나인 벽화황후에게 태자인 법흥을 섬기라고 권했고, 법흥을 섬긴 벽화는 딸을 하나 낳았는데, 그녀가 삼엽궁주(三葉宮主)이다. 궁주란 많은 궁궐 가운데 하나를 차지한 사람이다.

당시 법흥태자의 정비(正妃)는 비처대왕의 딸인 보도부인이었으나 태자의 총애를 받지 못했다. 보도부인의 여동생 오도는 묘심이 선혜황후(비처대왕의 부인)와 사사로이 통하여 낳은 딸이었는데 매우 아름다워 오히려 법흥태자의 총애를 받았다. 그러나 오도는 삼엽궁주에게 아양을 떨어 위화와 깊이 사귀어 몰래 정을 통했고, 옥진궁주(玉珍宮主)를 낳았다. 이 사실을 알게 된 법흥태자는 오도를 아시에게 주고 위화의 누나 벽화를 비량에게 주었으며, 정비인 보도부인을 다시 총애하고 위화를 멀리했다.

그러나 보도부인은 위화에게 덕이 있다고 지증대왕에게 청하여 천주사(天柱祀)에 봉하고 제사를 주관하게 했다. 지증대왕의 황후인 연제태후 또한 위화를 총애했다. 법흥대왕이 즉위하여 옥진궁주(위화의 딸)가 궁에 들어가 대왕에게 사랑을 받자 위화는 총애를 회복했고, 벼슬이 이찬(伊湌)에 올랐다. 신라는 3대 유리이사금 때 17등급의 관직을 제정했는데 그중 1등급이 이벌찬(伊伐湌)이고 2등급이 이찬(또는 이척찬)이었다.

법흥대왕은 옥진궁주를 총애한 나머지 황후인 보도부인을 여승으로 만들어버리고, 위화를 딸인 옥진의 신하로 삼았다. 그러므로 훗날 지소태후가 국정을 맡아 화랑을 두었을 때, 위화를 우두머리로 삼아 풍월주(風月主)라 이름했다.

지소는 보도황후의 딸로 입종의 부인이 되어 진흥(대왕)을 낳았으나, 법흥대왕이 옥진궁주를 사랑하여 진흥대왕을 세울 뜻이 없으므로, 지소는 걱정이 되었다. 이때 아버지 위화가 대의로써 옥진을 깨닫게 하여 진흥대왕을 세웠으니, 사람들이 모두 이를 의롭게 여겼다. 이로써 사도태후(진흥대왕의 황후) 또한 무사했으니 모두 위화의 덕이었다.

여기서 법흥대왕의 업적을 간략히 알아보자. 그는 신라 중흥을 시작한 대왕으로 간주할 수 있으니, 재위 4년(517)에 병부(兵部)를 처음 설치하고 다음 해 주산성을 축조하여 군사와 국방을 강화했다. 7년(520)에는 율령을 반포하고 처음으로 백관의 공식 복장과 그 차례를 제정하여 행정체제를 갖추었다. 11년에는 남쪽으로 순행하여 땅을 개척하고 가야와 경계를 정했다.

문화적인 측면에서도 대왕 15년(528)에 처음으로 불법을 받들어 행했는데, 이는 매우 혁명적인 조치였다. 왜냐하면 신라는 유사 이래 선도를 신봉해온 터라 모든 신하가 원치 않았기 때문이다. 마치 근세조선에 천주교가 처음 공인될 때처럼 순교자가 필요한 상황이었다. 대왕이 불교를 펴려는 뜻을 알고 신하 중에 이차돈이 대왕에게 아뢰었다.

"청하옵건대 신을 처형하여 뜻을 결정하십시오."

진흥대왕이 말했다.

"내 본시 불도를 일으키려 함인데 어찌 무고한 사람을 죽일 수 있겠는가?"

이차돈이 굳은 결의를 보이며 대답했다.

"불도를 행할 수만 있다면 신은 죽더라도 유감이 없습니다."

대왕이 군신들을 모아 불법의 공행에 대해 물으니, 예상했던 대로 모두 반대했다.

"지금 승도(僧徒)들을 보면 머리를 깎고 이상한 옷을 입으며 의논이 기궤하고 떳떳한 도리에 어긋나므로 이를 방치하면 후회가 있을까 염려됩니다. 신들은 비록 중죄에 처하더라도 감히 분부를 받들지 못하겠습니다."

모든 신하들이 반대할 때 이차돈만은 홀로 이렇게 말했다.

"지금 여러분의 말은 옳지 않습니다. 대저 비상한 사람이 있은 연후에야 비상한 일이 있는 것입니다. 불법은 교리가 심오하다 하오니 이를 믿지 않을 수 없다고 생각합니다."

대왕이 말했다.

"여러 사람들의 말을 깨뜨릴 수는 없는데, 너만 홀로 다른 말을 하니 두 가지 의논을 좇을 수는 없다."

이에 형리에게 이차돈을 처형하라 명했다. 그는 죽을 때 이렇게 말했다.

"나는 불법을 위해 형을 받기로 했다. 만약 불법에 신령이 있다면 나의 죽음에 반드시 이상한 일이 있을 것이다."

이차돈의 목을 베자 그 목에서 피가 용솟음치는데, 그 빛이 하얀 것이 마치 젖과 같았다. 이를 본 모든 사람들은 너무나 괴이하여 더 이상 불법을 시행하는 일을 반대하지 못했다.[6]

---

6 『삼국사기』에는 이 내용이 김대문의 『계림잡전』에 의거한 것인데, 김용행의 「아도화상비」의 내용과는 특별히 다르다고 주석했다.

대왕 19년(532)에는 금관국(가야)의 왕 김구해가 나라를 신라에 내어주므로, 대왕이 예의로 대우하고 최고의 관직을 주며 그 나라를 식읍으로 주었다. 23년(536)에는 처음으로 연호를 정하여 건원이라 하였다. 또 법흥대왕 때부터 '마립간' 대신 대왕이란 호칭을 썼으니 나라를 중흥하려는 그의 의지가 잘 드러난다.

다시 화랑 이야기로 돌아오면, 위화는 슬하에 딸 둘과 아들 하나를 두었다. 오도부인과의 사이에는 맏딸 옥진궁주와 둘째딸 금진을 낳았다. 옥진은 처음에 영실에게 시집갔으나, 얼마 후 법흥대왕의 사랑을 받아 비대를 낳았다. 대왕이 비대를 태자로 세우려 하자 위화가 반대했다.

"신의 딸은 골품이 없고, 또 영실과 더불어 함께 살았으니 안 된다고 생각합니다."

법흥대왕이 세상을 떠나자 지소태후가 비대의 왕자의 지위를 낮추고 위화의 제사를 받들게 했다.

위화의 아들인 이화(二花)[7]는 준실부인이 낳았다. 준실은 수지의 누이이고 자비대왕의 외손인데, 아름답고 문장에 능했다. 처음에 법흥대왕의 후궁이 되었으나 아들이 없었다. 위화에게 돌아와 이화를 낳았는데, 또한 모습이 아름답고 문장에 능했다. 지소태후가 그를 총애하여 늘 좌우에서 모시게 했다. 지소태후의 딸 숙명궁주(叔明宮主)가 이화를 좋아하여 도망나가 아들을 낳았으니, 그가 원광조사

---

7   뒤에 4세 풍월주로 나온다.

(圓光祖師)이다. 원광조사의 아우는 보리(菩利)[8] 스님인데, 그는 『화랑세기』를 쓴 김대문의 증조부이다.

---

8   뒤에 12세 풍월주로 나온다.

2세 미진부

2세 풍월주 미진부(未珍夫)는 아시와 법흥대왕의 딸인 삼엽궁주 사이에 태어났다. 어머니 삼엽궁주는 꿈에 하얀 학을 보고 미진부를 낳았다고 한다. 잘 생기고 재주도 많았던 미진부는 할아버지인 법흥대왕의 사랑을 듬뿍 받으며 왕자인 비대 등과 어울려 궁중에서 자랐다.

법흥대왕은 옥진궁주를 대단히 총애하여 그녀가 낳은 아들인 비대를 태자로 세우려 했으나 지소태후가 정통성이 떨어진다며 반대했다. 삼엽궁주와 아시 부부는 지소태후를 지지했고 이에 태후는 삼엽과 그 아들 미진부를 총애했다. 지소태후가 정치를 맡아 하게 되자 미진부는 16살의 나이로 신하가 되었고, 태후의 마음을 잘 헤아려 사랑을 받았다.

미진부는 남모(南毛)공주와 도타운 사랑을 나누었다. 남모공주는 법흥대왕과 백제 보과(宝果)공주[9] 사이에 태어난 딸로, 빼어난 미인이었다.

미진부를 총애한 지소태후는 남모공주를 원화로 삼으려 했다. 그런데 이에 앞서 삼산의 딸인 준정(俊貞)이 원화가 되어 많은 낭도(郎徒 : 화랑을 따르는 무리)를 거느리고 있었다. 한편 법흥대왕은 옥진궁주의 사사로운 남편인 영실을 용양군(龍陽君)[10]으로 삼아 총애하며 높은 자리에 있게 하고, 준정에게 원화를 물러나도록 명했다.

그러자 준정은 영실을 부지런히 섬겨 남모공주가 원화가 되는 것을 막으려 했다. 지소태후는 법흥대왕의 유명(遺命)으로 영실을 남편으로 삼긴 했으나 내심 달갑지 않았던지라 미진부에게 명해 준정을 원화에서 물러나게 했다. 또한 남모공주에게 낭도가 부족한 것을 염려하여 위화의 낭도를 속하게 하여 배로 늘려주었다. 이를 투기한 준정은 남모를 술로 유인하여 물에서 해쳤는데, 남모의 낭도들이 이 사건을 폭로했다.

이 사건으로 지소태후는 아예 원화를 폐하고 선도의 꽃을 화랑으로 삼았다. 그 무리를 풍월(風月)이라 하고, 우두머리를 풍월주라 불렀다. 위화가 1세 풍월주가 되고 미진부는 풍월주 다음 자리인

---

9   보과공주는 백제 동성대왕(479~501)의 딸이다. 법흥대왕이 즉위하기 전에 백제에 사신으로 갔을 때 보과공주와 정을 통했으며, 나중에 공주가 신라로 도망 와서 남모와 모랑을 낳았다. 모랑은 뒤에 3세 풍월주가 되었다.

10   용양은 중국의 전국시대(서기전 403~서기전 221) 위나라 왕의 총신인데, 남색으로 왕의 사랑을 받았다. 그러나 영실이 남색으로 법흥대왕의 총애를 받은 것은 아니라고 생각된다.

부제(副弟)가 되었으며, 얼마 후에는 2세 풍월주가 되었다.[11]

미진부는 남모공주를 잃고는 아내를 두지 않았는데 거기에는 말 못할 사연이 있었다. 미진부는 일찍이 외손자로서 법흥대왕을 궁에서 모실 때 후궁인 묘도부인과 정을 통했으나 감히 말을 하지 못했다. 이 사실을 알게 된 지소태후는 두 사람의 관계를 허락했고 미진부와 묘도부인은 마침내 혼인을 하고 딸 미실(美室)과 아들 미생(美生)[12]을 낳았다.

미실은 재색이 남보다 뛰어나 진흥과 진평, 두 대왕을 섬겨 특별한 총애를 받았고 미생은 화랑이 되었다. 미진부는 지소태후를 섬겨 충성을 다했으나 총애가 약해지자 나라에 몸을 바치겠다며 낭도들을 거느리고 전쟁에 나가 여러 번 큰 공을 세웠다.[13]

미실이 총애를 얻자 미진부는 병부의 요직을 거쳐 벼슬이 각간(角干)[14]까지 올랐고 부인인 묘도 또한 궁주가 되어 대원신통(大元神統)을 이었다.

대원신통은 진골정통과 함께 대왕의 혼인 상대가 되는 여자를

---

11 신라 말의 최치원은 난랑의 비석 서문에서, "우리나라에 현묘한 도가 있으니 이를 풍류(風流)라고 한다."고 했다. 풍월이나 풍류가 옛 선도(신선도)의 다른 이름이 된 것을 알 수 있다.

12 뒤에 10세 풍월주로 나온다.

13 『삼국사기』「거칠부열전」에 보면, 진흥대왕 12년(551)에 대왕이 거칠부 장군에게 백제와 더불어 고구려를 침공케 하였는데 거칠부 휘하의 일곱 장수 중에 미진부도 함께 출전하였다. 이때 신라군은 백제가 평양성을 격파하는 틈에 죽령 밖 고현 안의 10군을 공취하였다. 미진부는 선봉을 맡은 것으로 보인다.

14 관직 17등급 중 가장 높은 1등급. 이벌찬이라고도 한다.

공급하는 두 가문의 계통을 말한다.[15] 말하자면 황실에 황후를 공급하는 가문으로 승격했다는 말이니, 당시 신라 사회에서 엄청난 권력을 갖게 된 것이다. 『화랑세기』는 "색으로 섬기어 충성을 다했다. 용맹으로 나라를 받들고 또한 그 공을 다했다."라고 미진부를 칭송하고 있다.

---

15   이종욱 역주해의 『화랑세기』(2005)에서는 이렇게 주석했다. "진골정통은 황후 등을 배출하는 혼인 계통을 의미한다. 당시 진골정통과 대원신통은 여계 계승의 원리에 의해 이어졌다. 그러한 여계 계승의 원리는 부계 계승을 거울에 비춘 것과 같이 대칭되는 모습을 보여준다. 그리고 남자들은 어머니의 계통에 의해 진골정통과 대원신통이 정해졌다. 그리고 남자들은 한 대에 한하여 그 계통을 이었다. 그 아들들은 다시 그 어머니의 계통에 의하여 계통이 정해졌다. 따라서 남자들은 부자간에 계통이 달랐다는 것을 알 수 있다."

3세 모랑

　3세 모랑(毛郎)은 법흥대왕의 아들로, 남모공주의 동생이다. 1세 풍월주인 위화의 사위이기도 하다. 앞에서 말했듯이 법흥대왕은 왕위에 오르기 전에 국공으로 백제에 들어가 보과공주와 정을 통했다. 뒤에 보과가 신라로 도망해 와 입궁하여 낳은 남매가 남모와 모랑이었다. 미진부가 풍월주가 되자 모랑은 그의 부제가 되었다. 지소태후에게 총애를 받았다.

　진흥대왕 9년(548)에 지소태후는 모랑을 3세 풍월주로 삼아 죽은 남모공주의 영혼을 위로했다. 위화가 딸인 준화를 그의 아내로 삼게 했으니, 이화의 누나이다. 모랑은 딸 준모만 낳고 서기 555년에 비사벌을 여행하다 병을 얻어 길에서 죽었다.

4세 이화

4세 이화(二花)는 1세 풍월주 위화의 아들이다. 이화에 대해 『화랑세기』는 "피부가 옥같이 부드럽고 눈은 웃음 짓는 꽃과 같고, 음률과 문장에 능했다."고 묘사하고 있다. 12살에 3세 풍월주 모랑의 부제가 된 이화는 태후의 사랑도 받았다. 그때 황화·숙명·송화 세 공주가 이화를 따라 함께 배웠는데 이화는 숙명공주와 사랑에 빠졌다. 태후는 숙명공주가 진흥대왕의 총애를 받게 하려고 홀로 받들게 했으나 진흥대왕은 한 배의 누이인 숙명공주를 많이 사랑하지는 않았다.

그것은 숙명공주도 마찬가지였다. 숙명의 아버지는 태종(音宗)인데, 우리에게는 「독도는 우리 땅」 가사에 등장하는 "신라장군 이사부(異斯夫)"로 더 친숙하다. 『화랑세기』는 태종이라고 기록했고 『삼국사기』는 「이사부열전」을 두어 이사부로 기록했는데, 태종은 중국식 표기이며 이사부는 우리말의 소리대로 표기한 것이다. 이사부는 지증대왕 13년에 하슬라주의 군주(軍主)로서 우산국(오늘날 울릉도)을 복속시키고, 진흥대왕 23년에는 가야가 반기를 들자 항복을 받아 진압하기도 한 용장이었다.

태종은 또한 상상(上相)으로 나라의 주춧돌이었다. 상상이란 가장 위의 재상이란 뜻으로 상대등(上大等)을 가리킨다. 『삼국사기』「잡지」〈직관〉조에는 "상대등을 '상신(上臣)'이라고도 한다."고 했는데, 상상도 같은 의미일 것이다. 『삼국사기』에 법흥대왕 18년(531)에 처음으로 이찬 철부를 상대등에 명했고, 진지대왕 원년(576)에는 이찬 거칠부를 상대등에 명했다. 그 중간에 상대등을 임명한 일이 기록되지 않았으나, 진흥대왕 때 이찬이던 이사부가 『화랑세기』의 기록대로 상대등이 되었을 가능성은 매우 높다.

여기서 법흥대왕에 이어 신라 중기에 중흥을 이끈 임금으로 평가되는 진흥대왕의 업적을 간단히 살펴보자. 진흥대왕은 7살 어린 나이에 즉위하여 지소태후가 섭정을 하였지만 연호를 개국으로 고친 551년(진흥대왕 12년)부터는 본격적인 친정체제로 돌아간 것으로 볼 수 있다. 하지만 그전 545년에 이사부의 건의에 따라 거칠부에게 명하여 『국사』를 편찬한 것은 매우 의미 있는 업적이라 하겠다.

진흥대왕의 의사가 분명하게 나타난 것은 551년에 고구려를 공격한 것인데, 거칠부는 왕명을 받들어 고구려의 10군을 공취했다. 553년(진흥대왕 14년)에는 황룡사 공사에 착수하여 13년 뒤인 566년에 완공되었는데, 이는 불교에 대한 대왕의 지대한 관심을 보여준다. 그 뒤 574년에 황룡사에 장륙상(丈六像)을 주조했는데, 구리 3만

5,007근과 도금 1만 198푼이 들었다고 한다. 진흥대왕은 평소에도 불교를 한마음으로 믿고 말년에는 머리를 깎고 승복을 입고, 스스로 법운이라 이름했을 정도였다.

진흥대왕은 555년에 북한산에 행차하여 강역을 개척하고 순수비(巡狩碑)를 세웠다. 순수비는 그 외에도 세 곳에 있는 것으로 알려져 있는데 『삼국사기』에 관련 기록이 없는 것은 매우 아쉽다. 562년(대왕 23년)에 가야가 모반하므로 이사부에게 토평하게 하고 사다함[16]을 부장으로 삼았다.

진흥대왕은 숙명공주를 총애했지만 이렇듯 높은 권력자 이사부를 아버지로 둔 숙명을 감히 함부로 대하지 못했다. 그런데 숙명공주는 총애를 믿고 방탕한 생활을 했다. 정숙태자를 낳고 황후로 봉해지자[17] 이런 태도는 더욱 거리낌이 없었다. 진흥대왕은 평소 사도(思道)황후를 사랑하여 그 아들 동륜(銅輪)을 태자로 삼으려 했으나 뜻을 이루지 못했다.

숙명황후는 보란 듯이 이화와 더욱 심하게 정을 통했고, 이 광경을 진흥대왕에게 여러 번 들키기도 했다. 진흥대왕은 숙명황후를 폐하려 했으나 태후가 울면서 간곡히 만류하여 뜻을 이루지 못했다. 그런데 진흥대왕이 숙명을 사랑하지 않았는데 숙명이 아이를 가졌다. 대왕의 아이가 아님은 명백했다. 이에 숙명은 이화와 함

---

16   뒤에 5세 풍월주로 나온다.

17   숙명이 황후가 되었다는 기록은 『삼국사기』나 『삼국유사』에는 없다. 그러므로 『화랑세기』 기록대로라면 당시 사도황후와 숙명황후, 2명의 황후가 있었다는 것이 된다.

께 달아났다. 숙명은 황후의 신분으로 이화의 아름다움에 깊이 빠져, (성골)골품을 풀과 지푸라기처럼 내버리고 평생을 같이할 반려가 되기로 철석같이 맹세했다. 손을 잡고 궁을 나와 죽도록 2가지 행동을 하지 않는 것이 마치 사랑의 화신 같았다.

『화랑세기』는 이들의 사랑에 대해 이렇게 평했다.

> "논하는 자들 중에는 이를 비난하기도 하지만 가만히 생각하면 또한 장하지 않은가? 궁을 나와 서로 도망할 때 진흥대왕이 불같이 노하여 무거운 형벌이 앞에 있어 목숨이 털끝 같았는데도, 오히려 부둥켜안고 사랑하여 굴하지 않았으니 우리 신국의 대성인 원광대법사를 낳았다."

한편 신하들은 숙명이 낳은 정숙태자도 대왕의 아들이 아니라고 의심을 했고, 이에 사도황후의 아들 동륜을 태자로 삼았다. 이화는 비록 죄가 있으나 태후의 총애를 받았으며 또한 이 사태가 오히려 동륜에게 행운을 안겨주었으므로, 사도황후는 진흥대왕에게 권하여 이화를 힘껏 보호함으로써 태후의 마음을 편안하게 했다.

마침내 숙명공주와 이화는 부부가 되는 것을 허락받았고 두 사람은 원광(圓光)과 보리(菩利)를 낳았다.[18]

---

18 이화의 아들 원광은 성이 김씨임을 알 수 있다. 그런데 『삼국유사』「의해편」에는 당나라의 『속고승전』을 따라 원광의 속성을 박씨라고 했다. 그리고 『해동고승전』에는 원광의 속성을 설씨 또는 박씨라고 했다. 그러나 곧 이은 기사에서 보듯이 『화랑세기』의 저자 김대문의 증조 보리의 형인 원광은 김씨였다고 하겠다.

서기 555년에 3세 풍월주였던 모랑이 죽자 낭도들은 이화를 다음 풍월주로 받들기를 원했다. 그때 이화는 태후의 총애를 받아 늘 궁중에 머물렀기에 사양하려고 했으나 낭도들이 강력하게 권했다.

"위공(魏公)[19]의 아들이 앉지 않으면 누가 앉겠습니까?"

이에 태후가 이화를 4세 풍월주로 삼을 것을 명했다.

옥진궁주의 여동생은 금진(金珍)인데 또한 위화의 딸이다. 금진은 법흥대왕을 섬겼으나 아들이 없었다. 대왕이 세상을 떠나자 금진은 문상에 물러나 살았다. 남모공주가 준정의 손에 해를 당해 갑작스러운 죽음을 맞자 낭도들은 다음 원화로 금진을 받들려 했으나 지소태후가 허락하지 않았다. 금진은 구리지와 남몰래 정을 통해 아들을 낳았는데, 그가 토함이다. 섬세한 아름다움으로 이름을 떨친 토함은 일찌감치 풍류황권(風流黃券. 화랑의 명부)에도 이름을 올렸고, 부제가 되었다.

어느 날, 태후가 토함을 궁중에 불러 보고 말했다.

"이 아이는 (할아버지인) 비량숙공보다 못하지 않고 아름다움이 (할머니인) 벽모(碧母)보다 나으니, 인재를 얻었다고 축하할 만하다."

이화도 토함을 무척 아껴 기거를 함께했고, 이를 고맙게 여긴 어머니 금진은 이화를 축복했다.

토함에게는 새달이라는 누이동생과 사다함이라는 남동생, 두 아우가 있었는데 그중 사다함은 5세 풍월주 되고 역사적으로 유명하다. 사다함은 신묘한 대들보의 풍모를 크게 가지고 있어 낭도들

이 많이 돌아왔다. 그때 무관이라는 화랑이 있었는데 인망이 있고 개인적인 무리를 많이 길렀다. 사다함이 나이는 적지만 의(義)를 좋아한다는 말을 듣고 직접 만나본 무관은 크게 기뻐하며 말했다.

"공자(公子)는 실로 옛날의 신릉군(信陵君)[20]과 맹상군(孟嘗君)[21]이오니, 섬기기를 원합니다."

사다함이 겸손하게 대답했다.

"내가 어찌 감히 거느리겠습니까?"

그러나 무관은 이화에게 귀의했다. 이화가 태후에게 아뢰었다.

"토함의 아우 사다함은 나이가 장년에 이르지도 않았으나 스스로 낭도를 거느렸으니, 국선(國仙)이라고 이를 만합니다."

이에 태후가 사다함을 궁중에 불러 음식을 내리며 사람을 거느리는 방법을 물으니, 사다함은 이렇게 말했다.

"남을 사랑하기를 제 몸과 같이 할 뿐이며, 좋은 것을 좋다고 할 뿐입니다."

태후는 사다함을 기특하게 여겨 진흥대왕에게 말해 귀당비장(貴幢裨將)으로 삼아 궁문을 맡게 했다. 사다함의 낭도 1,000명은 모두 충성을 다했다. 『삼국사기』 「사다함열전」에도 사다함이 귀당비장으로 이사부 장군을 따라 가야를 습격했다고 나온다. 귀당이 군단이므로 16살의 사다함은 대장 아래의 비장이었을 것이다.

---

20 중국 전국시대의 유명한 4공자의 한 사람으로 위나라 소왕의 아들로 승상을 지냈고, 본명은 위무기(魏無忌)이다.
21 역시 4공자의 한 사람인 제나라의 정치가로 수천 명의 식객을 거느려 유명하며, 본명은 전문(田文)이다.

당시 비조의 아들 문노(文弩) 또한 호걸로 격검에 대단히 능했다. 이화는 문노에게 검술을 배우라고 사다함에게 일렀다. 그러자 문노가 물었다.

"검은 한 사람을 대적하는 것인데, 어찌 고귀한 사람이 알아야 합니까?"

이화가 대답했다.

"한 사람을 대적하지 못하면 어찌 만 명을 대적할 수 있겠는가? 이 아이는 의기(義氣)를 좋아하니 아무리 따르는 무리가 많다 해도 적이 없다고 할 수 없으니, 네가 그를 보호하라."

문노가 낭도 500명으로 사다함을 따르니, 그 위세가 형인 토함보다 성했다.

그때 진흥대왕에게는 한 가지 걱정이 있었다. 태자가 된 동륜이 점차 장성했으나 주변에 보필하는 사람이 없다는 것이었다. 대왕은 토함에게 태자를 보필하도록 명했고, 명을 받은 토함은 "이것이 나의 임무이다."라고 하며 화랑의 지위를 아우인 사다함에게 사양했다. 이화는 이에 사다함을 부제로 삼았는데, 그를 사랑함이 토함과 같았다.

얼마 후(562년) 가야가 반란을 일으키자 사다함이 종군하기를 청하여 승리를 거두었다. 이화는 아예 풍월주 지위를 사다함에게 넘기고, 토함과 함께 궁중에서 오로지 태자를 보양했다.

이화는 숙명공주와 함께 영흥사에 나가 살며 불도에 전심했다. 지소태후도 불교에 귀의했고, 정숙태자(숙명의 아들) 또한 머리를 깎고 계율을 받았다.

이화의 아들 원광법사는 숙명공주가 낳았다. 임신을 했을 때 공주는 공을 사모하는 마음을 억제하지 못해, 화가 있을까 두려워 자살하려 했는데 갑자기 금부처가 나타나서 고했다.

"나는 약사불(藥師佛)인데 공주의 배를 빌려 머물고자 한다."

공주는 그 앞에 무릎을 꿇고 합장하여 절하니, 부처가 공주를 안고 엎드려 마치 들어오는 것 같았다. 그때 이화가 또한 공주를 사모하는 마음을 금하지 못해 궁중으로 침범했다. 공주가 무언가를 끌어안은 듯한 자세로 누워 있는데, 이화가 그 까닭을 듣고는 기뻐하며 말했다.

"이는 곧 부처의 힘이다."

두 사람이 기쁨을 나누고 원광을 낳으니, 과연 대성여래(大聖如來)였다. 원광은 13살에 불교에 입문하여 중국 남조의 진(陳)나라로 유학을 떠나 수(隋)나라가 통일한 직후까지 10여 년간 중국에서 연구와 강법을 하여 이름이 높았다. 그는 도학과 유학에도 조예가 깊었으며 제자백가(諸子百家)와 역사서도 공부하여, 서기 600년[건복(建福) 17년] 귀국 후 문명(文名)을 떨치고 진평대왕의 극진한 보살핌을 받으며 국정의 자문도 하였다.

당시 고구려가 번번이 침입하므로 608년에 진평대왕이 수나라 군사를 청해 고구려를 정벌하고자 원광에게 걸사표(乞師表 : 군사를 요청하는 외교문서)를 짓도록 명하니 원광이 말했다.

"자기가 살기 위해 남을 멸망시키는 것은 사문(沙門 : 스님)의 할 행실이 아닙니다. 그러나 빈도(貧道 : 스님이 자신을 칭하는 말)가 대왕의 땅에 살고 대왕의 곡식을 먹으면서 어찌 감히 명령을 좇지 않겠습니까?"

그리고 곧바로 걸사표를 지어 바쳤다. 대왕은 3년 후인 611년에 수나라에 사신을 보내 걸사표를 양제에게 보내니 허락하였다. 양제는 곧 고구려 정벌의 조서를 내리고 다음 해 200만 대군으로 고구려를 침략했다. 이때 을지문덕 장군의 탁월한 외교와 살수대첩 등으로 수나라는 참패하여 살아 돌아간 자가 2,000~3,000명에 불과했다.

원광이 신라로 돌아온 후 이화는 숙명·새달과 함께 손자들을 데리고 다섯 번 슬라(瑟羅)에 들고 여덟 번 금오(金鰲)를 도는 등 국내의 명승지를 두루 여행했다.

603년(건복 20년) 3월의 어느 날, 이화는 조용히 숙명공주에게 이렇게 말했다.

"신은 공주와 더불어 곁에서 모신 지 40년이고 물고기와 물의 즐거움이 지극하였는데, 이제 태후와 대왕을 따라 옥경(玉京)으로 가는 것이 어떻습니까?"

옥경은 하늘나라의 옥황상제가 산다는 가상의 서울을 뜻하고 옥황상제는 도가에서 말하는 하느님이니, 오늘날로 말하면 존엄사(尊嚴死)를 하자고 제안한 것이다.

숙명공주가 말했다.

"낭군이 향하는 곳을 첩은 마땅히 따를 것입니다."

두 사람은 베개를 나란히 하고 세상을 떠났다. 젊은 시절 맹세한 죽음을 초월한 사랑을 실천한 것이니, 동서고금에 드문 지고한 사랑이 아닐까? 이화의 또 다른 아내가 되었던 새달(토함의 누이)도 따라 죽었다. 유언에 따라 애공사 북쪽 지소태후 능 곁에 장사를 지냈다.

이화와 숙명공주는 두 아들과 두 딸을 두었다. 아들은 원광과 보리였고 딸은 화명과 옥명이었다. 두 딸은 모두 진평대왕의 후궁으로 들어가 자식들을 낳았다. 보리는 정숙태자의 딸 만룡을 아내로 맞아 각간 예원[22]을 낳았다.

22　『화랑세기』를 쓴 김대문의 할아버지로 뒤에 20세 풍월주로 나온다.

5세 사다함

5세 풍월주 사다함(斯多含)은 구리지(仇利知)와 금진부인 사이의 둘째 아들로 태어났다. 사다함의 아버지인 구리지의 탄생에는 약간 '구린(?)' 이야기가 전한다.

구리지는 비량과 벽화황후가 정을 통해 낳은 아들이다. 비량은 벽화황후를 그리워하여, 늘 그 뒷간에 갔다. 남녀가 뒷간에서 무슨 일을 벌이는지 법흥대왕은 알고 있었으나 비량을 총애했기에 내버려두었다. 뒷간에서 황후와 정을 통하여 아들을 낳았으므로 '구리지'라 불렀다.

구리지는 어머니의 미모와 아버지의 담력을 겸비한 사내로, 자라면서 낭도의 무예를 좋아했다. 구리지는 옥진궁주의 동생 금진과 정을 통하여 토함, 새달, 사다함의 세 남매를 낳았다.

지소태후는 옥진과 금진 자매를 가까이하지 않았고, 이에 금진은 문상에 물러나 살았다. 구리지는 낭도를 모아 금진을 원화로 삼으려 했다. 이에 앞서 구리지는 숙위두상(宿衛頭上)으로서 늘 전각 아래에서 금진의 명을 받들었다. 구리지는 마음으로 그녀를 원하여 천주사에서 무려 5년동안 소원을 빌었는데, 하늘이 소원을 들어주었는지 마침내 금진이 혼자 살게 되었다. 구리지는 이에 날마다 금진을 재촉하며 원화가 될 계책을 바쳤다. 아직 나이가 어렸던 금진은 명리를 탐하여 허락했다.

548년(진흥대왕 9년) 고구려가 백제의 독산성을 공격하자 백제에서 신라의 구원을 요청했다. 구리지는 장군 주령을 따라 출정했다가 독산에서 죽었다. 구리지에게는 용양신(龍陽臣) 설성(薛成)이란 사람이 있었는데, 얼굴이 아름답고 아첨을 잘했다. 구리지가 출정하고 없는 사이 설성은 금진과 정을 통해 설원(薛原)을 낳았다.

한편 궁에서는 사도황후가 동륜태자를 낳았다. 태자가 태어나자 황후는 금진을 궁으로 불러 유모로 삼았다. 덕분에 사다함 형제도 궁중에서 자랐다. 그때 진흥대왕의 보령이 한창이었는데 태후가 비빈들이 왕을 모시는 것을 허락하지 않았다. 대왕 또한 사도황후와 정이 각별하여 다른 여인을 가까이하지 않았다.

그런데 사도황후가 산후 3개월 동안 대왕과 관계를 갖지 않은 사이에 금진이 대왕에게 교태를 부렸고, 이에 대왕은 슬라 지방에 갈 때 금진을 황후궁의 궁인으로 삼았다. 얼마 후 금진은 임신을 했다. 이 사실을 안 황후는 언짢아했고, 이에 대왕은 금진을 궁에서 내보냈다.

궁 밖으로 나간 금진은 몰래 설성 등 다섯 남자를 거느렸다. 금진을 다시 궁으로 불러 궁중의 고급 직물을 관장하는 조하방(朝霞房) 부인으로 삼았는데, 금진의 방탕한 사생활이 도마에 올랐다. 대왕이 이에 대해 묻자 금진이 울면서 말했다.

"첩이 불행히도 타락했지만 하인 설성 오직 한 사람이 있을 뿐입니다."

이에 설성을 나마(奈麻. 17관등 중 11등급)로 삼아 돌려보냈다.

그해에 이화가 풍월주가 되고 토함을 부제로 삼았다. 진흥대왕은 사다함도 이화에 속하게 했다. 금진은 또 대왕의 딸을 낳으니, 이가 난성공주였다.

한편 설성은 스스로 그 무리와 함께 백제 정벌에 따라가 공을 세웠으므로 이찬의 자리를 주고 금진을 아내로 삼게 했다. 사다함이 말했다.

"색(色)은 하늘입니다. 어머니가 홀로 정해진 배필이 없어서야 되겠습니까?"

형인 토함도 거들었다.

"비록 천한 어머니의 바라는 바이나 대왕께서 이미 허락하셨으니 소홀히 할 수 없습니다."

이에 사다함은 어머니 금진부인이 설성에게 돌아가는 것을 허락하고, 따로 살면서 대왕이 내린 집과 본래의 집에는 들어가지 않았다. 옥진궁주가 이를 듣고 크게 기뻐하며 말했다.

"이 아이는 반드시 그 아버지를 귀하게 할 것이다."

사다함은 12살에 문노를 따랐는데 격검에 능했으며 사람을 사랑하는 것을 좋아했고 아버지의 큰 풍모가 있었다. 낭도들이 서로 일러 말했다.

"구리지공의 음덕으로 받은 복이다."

사다함은 밖으로 굳세고 안으로 어질며 우애가 깊었다. 비록 설성에게는 거슬렀지만 어머니를 섬기는 효도는 지극했다.

사다함은 춤도 잘 추었다. 금진은 아들 사다함이 춤을 추는 것을 보고 이에 호응하여 노래를 불렀으며, 대왕의 사랑을 받고 돌아왔다. 사다함이 말했다.

"어머니와 임금님이 짝이 되었으니 자식이 어찌 영광이 아니겠습니까?"

숙흘종(금진이 입종과의 사이에서 낳은 아들)이 어느 날 금진의 집 앞을 지나갔다. 금진이 바라보고 있으니 사다함이 말했다.

"어머니 숙흘종 형입니다."

사다함이 뛰어 나가 의붓형인 숙흘종의 말고삐를 잡고 말했다.

"어머니께 인사드리세요."

숙흘종이 말했다.

"어머니는 어머니일 뿐 의는 이미 끊어졌다."

사다함이 말했다.

"모자의 의는 끊을 수 없소."

숙흘종이 이에 들어가 금진을 보았다. 금진이 물었다.

"어미로서 아들에게 절하는가?"

드디어 금진과 숙흘종 모자의 정이 회복되었다.

561년[개국(開國) 11년]에 가야의 왕비로 시집갔던 신라의 양화공주가 세상을 떠났다. 다음 해 가야의 왕위를 이은 도설지가 야녀(野女)를 왕비로 삼고, 월광과 땅을 다투어 야인(野人)[23]을 많이 거느리고 신라로 쳐들어왔다. 대왕이 이사부에게 진압하도록 명했다. 사다함이 선봉이 되기를 청했으나 대왕은 사다함이 어리다는 이유로 허락하지 않았다. 그러자 사다함은 사사로이 낭도들을 거느리고 사잇길로 갔다. 금진이 설성에게 말했다.

"그대는 골품도 없이 나라의 은혜를 여러 번 입었다. 이때 내 아이를 지키지 않는다면 남편이 아니다."

설성은 "내가 원하는 바요."라고 말하고 기꺼이 사다함의 휘하로 들어왔다.

야인을 크게 파하니 대왕이 기뻐하여 사다함을 귀당비장으로 삼으니, 이때 나이 16살이었다. 정예병 5,000으로 전단문(栴檀門 : 성문의 이름)으로 달려 들어가 흰 기를 세웠다. 성 안에 있던 도설지와 야녀를 사로잡았다. 이사부 장군의 본군이 계속하여 이르러 가야군을 크게 파했다.

사다함에게 공으로 밭을 내려주니 부하들에게 나누어 주었다. 또 사로잡은 포로는 모두 풀어주어 양인(良人)이 되었다. 진흥대왕은 사다함을 더욱 중하게 여겼다. 알천 땅을 내리자 굳이 사양하여 받지 않았으나, 불모지 수백 경(頃)을 골라 받으며 말했다.

"이것으로 사람들을 족히 부지런하게 할 수 있다. 일이 없으면 농사짓는 것이 우리 무리들의 본업이다."

사다함은 미실과의 슬픈 사랑 이야기의 주인공으로도 유명하다.

---

23   야인과 야녀는 구체적으로 어떤 집단인지 알 수 없으나 왜와 관계된 사람으로 추정한다.

원래 사다함은 미진부의 딸인 미실을 사랑했다. 미실도 사다함을 좋아했으나 태후의 명으로 세종에게 시집갔다. 전장에 나갔다 돌아온 사다함은 다른 남자의 부인이 된 미실을 향한 애달픈 마음을 향가 「청조가(靑鳥歌)」로 표현했다. 여기서 청조, 즉 파랑새는 미실을 가리킨다.

파랑새야 파랑새야 저 구름 위의 파랑새야
어찌하여 나의 콩밭에 머무는가.
파랑새야 파랑새야 나의 콩밭의 파랑새야
어찌하여 다시 날아들어 구름 위로 가는가.
이미 왔으면 가지 말지 또 갈 것을 어찌하여 왔는가.

부질없이 눈물짓게 하며 마음 아프고 여위어 죽게 하는가.
나는 죽어 무슨 귀신 될까 나는 죽어 신병(神兵) 되리.
전주[24]에게 날아들어 보호하여 수호신 되어
매일 아침 매일 저녁 전군 부처 보호하여
만년 천년 오래 죽지 않게 하리.

미실 또한 사다함이 전쟁터에 나갈 때 향가 「풍랑가(風浪歌)」로 마음을 전한 것으로 보아 사다함에게 마음이 있었음은 확실한 듯하다. 그러나 현실은 이들의 사랑을 허락하지 않았다. 미실이 지은

---

24   殿主, 미실을 가리킴.

「풍랑가」는 다음과 같은데, "빨리빨리 돌아오라, 다시 만나 안고 보고"라는 대목에서 사다함을 향한 그리움과 절절한 연심이 직설적으로 드러난다.

바람이 분다고 하되, 님 앞에 불지 말고
물결이 친다고 하되, 님 앞에 치지 말고
빨리빨리 돌아오라, 다시 만나 안고 보고
아흐, 님이여! 잡은 손을 차마 물리라뇨.

한편 풍월주 노릇에 싫증이 난 이화는 사다함을 5세 풍월주로 삼아 물러났고, 사다함은 아버지가 다른 동생인 13살 설원을 부제로 삼았다.[25]

설성이 출전하여 사다함을 위해 힘껏 싸우다 죽었다. 이에 이르러 무리들이 그를 기려 말하기를, "우리 설성은 충신이다."라고 했다. 사다함의 신하 무관도 공이 많았으나 신분이 미천하여 보답을 받지 못하고 죽었다. 사다함은 그것을 마음 아파했다.

이처럼 효심이 깊고 다정다감하던 사다함의 최후는 너무 갑작스러워 안타깝기까지 하다. 사다함의 죽음 뒤에는 평소 색을 밝히던 어머니 금진이 얽혀 있다. 금진은 막내아들 사다함의 휘하에 있는 낭도인 무관을 몰래 끌어들였다. 자신이 모시는 풍월주의 어머니와

---

25   사다함과 설원은 어머니는 금진으로 같지만 아버지는 다르다. 사다함의 아버지는 구리지이고 설원의 아버지는 설성이다. 어머니가 같은 동생을 '포제(胞弟)'라고 썼다.

관계를 가진 무관은 사다함을 대하기 어려워했으나 사다함은 오히려 그를 이렇게 위로했다.

"네가 아니라 어머니 탓이다. 벗으로 어찌 작은 혐의를 문제 삼겠는가?"

이 말을 전해 들은 금진은 스스로 도리를 알았다. 그 전에 금진은 무관과 함께 출입했다. 낭도들 중 옳지 않다고 하는 사람이 많았다. 무관은 도망치려고 밤에 궁의 담을 넘다가 성곽 못에 떨어져 다쳤고, 얼마 뒤 죽고 말았다.

무관이 죽었다는 소식을 들은 사다함은 애통해하다가 자신도 여위고 병들어 7일 만에 기력이 다했다. 금진은 죽어가는 아들 사다함을 안고 발을 구르며 슬퍼했다.

"나 때문에 네 마음을 상해 이에 이르렀다. 내 어찌 살겠는가?"

그러자 사다함이 천천히 눈을 뜨고 말했다.

"죽고 사는 것은 운명입니다. 내가 어찌 어머니 때문에 마음을 상했겠습니까? 살아서 어머니의 큰 은혜를 갚지 못했으니, 죽어서 저 세상에서 갚도록 하겠습니다."

또한 전 풍월주 이화도 사다함을 감싸 안고 슬퍼하여 말했다.

"그대 아우는 아직 어린데 만약 일어나지 못한다면 누가 계승할 것인가?"

사다함이 말했다.

"모랑공의 고사(故事)[26]에 의거하면, 신의 누이인 미실의 남편(세

종)이 가능하지 않겠습니까?"

이화가 이에 지소태후에게 아뢰어 세종을 풍월주로 세우기를 청했다. 태후가 말했다.

"내 아들은 어리고 약하니, 어찌 될 수 있겠는가?"

이에 미실이 세종에게 이렇게 권했다.

"종형(從兄)²⁷ 사다함이 나를 사모하여 죽었습니다. 죽음에 임하여 한 말을 듣지 않는다면 장부가 아닙니다."

미실의 말을 들은 세종이 태후를 설득했다. 그리고 태후의 허락을 얻어 세종이 6세 풍월주가 되었다. 그리하여 설원을 부제로 삼았다.

천주사²⁸에서 사다함의 명복을 빌었는데 그날 밤 미실은 꿈을 꾸었다. 꿈에 사다함이 품에 들어와 말했다.

"내가 너와 부부가 되기를 원했으니, 너의 배를 빌어 태어날 것이다."

미실이 세종에게 꿈 이야기를 하니, 그 또한 이상하게 여겼다. 바로 임신이 되어 하종(夏宗)을 낳았다. 하종은 모습이 사다함을 많이 닮아 세간에서는 미실이 사다함과 정을 통했을 때 이미 임신이 되어, 입궁하여 낳은 것이라고도 했다. 그러나 『화랑세기』는 그런

---

27 정확하게는 종질(從姪)이다. 그때 사람들이 서로 좋아하면 형제라고 했으므로 종형이라
    불렀으며 여동생도 오빠를 형이라 했다.
28 『삼국유사』 「기이」 상 〈천사옥대〉조에 내제석궁(內帝釋宮)을 천주사(天柱寺)라고도 하며
    진평대왕이 세웠다고 한다. 그러나 여기에 그 전인 진흥대왕 때 이미 천주사가 있다고 했
    으므로 『삼국유사』 기록이 잘못이 아닌가 한다.

소문에 대해 부정하며 사다함을 송백에 비유해 다음과 같이 청송하고 있다.

"적을 친 공이 높으나 스스로 불모지에 머물렀다. 청조가 산속에 있고 송백[29]이 길이 푸르도다."

---

29 松柏. 소나무와 잣나무.

　사다함의 갑작스런 죽음으로 6세 풍월주 자리에 오른 세종(世宗)
은 이사부의 아들이며 어머니는 지소태후이니, 진흥대왕과 어머니
가 같은 형제다. 세종전군의 처음 이름은 의종이었다. 단아한 아름
다움과 위엄 있는 모습에, 태후에게 효성스럽고 대왕에게 충성스
러웠다. 진흥대왕 또한 세종전군을 매우 사랑하여 "나의 막내아우
다."라고 말했을 정도였다. 늘 곁에 있으며 대왕을 모시게 했다.

　이사부가 일찍이 사사로운 일로 진흥대왕을 뵐 때, 세종이 곁에
모시고 있었다. 먼저 대왕에게 절을 올린 이사부는 이어서 세종에
게도 절을 했다. 아버지가 절을 하자 세종은 황망히 나아가 부축하
고 감히 절을 받지 않았다. 대왕이 말했다.

　"이 노인은 비록 중신(重臣)이지만 나의 신하이다. (지위로) 너에게
절하지 않을 수 없다."

세종이 울며 말했다.

"아버지입니다. 어찌 신하로 삼을 수 있겠습니까?"

이사부가 놀라 말했다.

"태후께서는 신성하여 지아비 없이도 신(神)으로 화합니다.[30] 전군은 신(神)의 아들입니다. 어찌 감히 신(臣)이 아비가 되겠습니까?"

세종은 이사부를 안고 울며 말했다.

"일찍이 모후의 전(殿)에서 저에게 공을 저의 아버지라고 하신 것이 아직 귀에 쟁쟁합니다."

대왕이 말했다.

"태후의 신성과 밝은 덕으로 중신을 총애하셨으니, 또한 내 집의 경사로운 행운이다. 늙은 신하는 어찌 반드시 피하는가? 세종은 나의 아우다."

또한 세종에게 허락하여 이사부를 아버지라 부르게 했다. 세종은 처음으로 부자의 상견례를 행하니, 대왕의 은혜가 끝이 없음을 감사했다.

태후는 일찍이 공경(公卿)의 고운 딸들을 택하여 궁중에 모아 세종의 마음이 향하는 것을 보았다. 세종은 미실을 가장 좋아했다. 이에 태후는 대왕에게 물었다.

"미실의 아름다움이 전군에게 합당합니까?"

대왕 또한 아름답게 여겨 말했다.

---

30 지소태후는 법흥대왕과 보도황후 사이에서 태어났다. 부모가 모두 왕족으로 성골(聖骨) 신분이었기에 신격화하여 신성한 것이 신국(神國) 신라의 관념이었다는 것을 알 수 있다.

"오직 어마마마께서 정할 바입니다. 다만 태종 노신(老臣)이 알지 못하여 마음에 걸립니다."

태후 또한 그렇게 여겼으며, 이에 이사부를 불러 미실 문제를 의논했다.

"며느리를 얻는데 지아비에게 상의하지 않을 수 없습니다."

이사부가 반문했다.

"폐하의 집안일에 신이 어찌 감히 말씀을 드리겠습니까?"

태후가 말했다.

"이 처녀는 영실의 손녀입니다. 영실은 나의 우군(右君)³¹으로 잘못이 많았기에 꺼렸습니다. 그래서 기쁘지 않아 결정하기 어려우므로 묻습니다."

이사부가 말했다.

"영실은 법흥대왕의 총신이었습니다. 유언으로 남긴 명을 소홀히 할 수 없습니다. 심히 나무라서는 안 됩니다. 전군이 이미 미실을 좋아한다면 또한 황후(사도를 말함)를 위로할 수 있으니, 옳지 않겠습니까?"

태후가 크게 기뻐하여 말했다.

"사랑하는 지아비의 가르침이 없었다면 나는 잘못을 저지를 뻔했습니다."

이에 미실이 궁에 들어와 세종을 섬기게 했다. 며칠 지나지 않아

---

31   법흥대왕의 유언으로 영실이 지소태후의 두 번째 남편인 '계부(繼夫)'가 되었다고 『화랑세기』의 다른 곳에 기록했는데, 여기서는 '우군(右君)'이라고 말했다.

세종과 서로 통하여 정의(情意)가 얽혀 깊어졌다.

그때 태후는 숙명공주를 사랑하여 장차 왕통을 이으려 사도황후를 폐하려고 했다. 황후는 미실의 이모였다. 미실의 어머니는 묘도인데 사도황후는 묘도의 동생이었던 것이다. 이에 미실이 그 뜻을 황후에게 누설했다. 황후가 울면서 대왕에게 호소했다. 대왕은 평소 황후를 사랑했기 때문에, 헐뜯는 태후의 말을 듣지 않고 황후를 더욱 사랑했다.

태후가 노하여 황후를 폐하려고 했다. 미실이 걱정하여 태후에게 나아가 간했다. 태후는 이에 미실을 불러들인 것을 후회하며, 미실을 크게 꾸짖었다.

"너로 전군을 받들게 한 것은 단지 옷과 음식을 받들게 한 것이다. 그런데 감히 사사로이 색으로 전군을 어지럽혔으니, 죄를 용서할 수 없다."

그리고 미실을 궁에서 쫓아내고 진종전군의 딸 융명을 세종의 정비(正妃)[32]로 삼았다. 대왕이 따졌으나 태후는 듣지 않았다. 세종은 눈물을 흘리고 울며 따랐다. 미실이 이윽고 돌아와 슬퍼 울면서 먹지 않고 칩거하다가, 사다함과 이루지 못한 정을 떠올렸다. 이에 미실이 말했다.

"일찍이 지아비를 취함에는 마땅히 사다함과 같이 서로 사모하는 이를 택해야 했다. 무릇 부귀라는 것은 한때이다. 지난날 비록

32　세종은 따로 궁을 가진 전군의 신분이고 그 부인을 (정)비라고 한 것이다. 태자나 왕자의
　　경우도 같다.

왕자와 전군이 모두 내 앞에서 절했으나, 지금은 내 처지가 이와 같다."

그리고 사다함을 불러 위로했다.

사다함이 전장에 나갈 때 미실이 「풍랑가」를 지어 보냈다는 이 야기를 들은 세종전군은 괴로워했다. 태후는 전군이 상심할까 두려워 미실을 다시 입궁시켰다. 전군이 기뻐 미친 듯이 달려가려 했다. 태후는 부득이 다시 섬기도록 명했으나 미실은 원비(元妃)의 첩이 된 것을 부끄럽게 여겨 몸을 바치려고 하지 않았다. 전군은 이에 태후에게 청하여 미실을 정비로 삼고, 융명은 차비(次妃)로 삼았다. 이에 불만을 품은 융명이 물러날 뜻을 비쳤다. 미실은 전군과 정을 배반하지 않기로 약속하고 융명을 내쫓았다.

사다함이 전장에서 돌아왔을 때는 이미 미실은 궁중에 들어가 전군부인이 되어 있었다. 사다함이 할 수 있는 일은 향가 「청조가」를 지어 읊으며 슬퍼하는 것뿐이었다. 가사가 몹시 구슬퍼 그때 사람들이 다투어 서로 전하여 외웠다고 한다.

세종은 비록 금지옥엽(金枝玉葉)의 귀한 몸이었지만, 풍월주로서 사다함의 어루만지고 사랑하는 도리를 잘 이어갔다. 낭도를 많이 뽑아 당(幢)[33]을 이루고, 도의에 힘써 위 아래로 두루 미쳤다. 미실이 궁 안에 살며 이끌어준 것이다.

그때 동륜태자가 이미 장성했으므로, 태후는 만호공주(지소태후가 진종과의 사이에 낳은 딸)를 짝지어 진골정통을 이으려고 했다.

---

33   당은 군대의 깃발이란 뜻으로, 신라의 여러 단위의 군대를 말한다.

하지만 사도황후는 오히려 대원신통을 이으려고 하여 몰래 미실에게 의논했다.

"태자는 나의 좋은 아들이니, 태자와 서로 친하여 아들을 가지면 너는 황후가 될 것이다."

미실이 크게 기뻐하여 태자와 정을 통해 임신이 되었다.

대왕은 이를 알지 못하고 또한 미실을 들어오게 하여 모시게 했다. 미실은 음사(陰事)를 잘하여 총애가 날로 중하여, 황후궁 전주(殿主)에 올랐다. 그 지위는 황후와 같았다. 이에 미실은 사람을 시켜 세종이 지방으로 나가 공을 세우도록 설득했다. 세종이 출정하니 낭도들이 많이 따랐다.[34]

미실은 이에 설원으로 하여금 머물며 세종의 일을 대신하도록 했다. 미실은 총애를 믿고 방탕하여 설원은 물론 자기의 친아우인 미생과도 정을 통했으나 대왕은 알지 못했다. 미실은 설원과 의논하여 말했다.

"내가 너희들과 사사로이 정을 통했는데, 만약 낭도들의 신망을 잃는다면 세상의 여론을 거둘 수 없다. 너희들은 어찌 나를 원화로 받들지 않는가?"

설원 등이 주저하여 일을 추진하지 못하였다. 미실은 이에 대왕을 설득하여 말했다.

"옛날 선조 대왕들께서는 총애하는 첩을 낭도들이 받들게 하여

---

34   『삼국사기』〈진지왕 2년(577)〉조는, "백제가 군사를 일으켜 서쪽 변경의 주·군을 침범하므로, 왕은 이찬 세종에게 명하여 적을 일선군의 북쪽에서 격파하고 3,700명을 참획하였다."고 기록했다.

함께 남도에서 조알을 받았습니다. 첩은 폐하의 총애를 지극히 받았습니다. 그러나 아직 맡은 일이 없습니다. 세종이 낭도를 많이 거느리고 지방에 있는데, 만약 변고가 있으면 첩이 원컨대 스스로 원화가 되어 낭도를 모두 거느리는 것입니다."

대왕이 이를 기쁘게 여겨 조서를 내려 세종을 풍월주에서 물러나게 하고 미실을 원화로 받들게 했다. 설원과 미생을 봉사랑(奉事郞)으로 하고, 금진을 화모(花母)[35]로 삼았다.

세종은 이에 낭도를 모두 해산하여 돌아가게 하고 말했다.

"새 원화는 나의 옛 부인이다. 너희들은 의심하지 말고 잘 섬기도록 하라."

낭도들은 눈물을 흘리며 물러가지 못했다.

대왕은 설원과 미생 두 화랑에게 명하여 수많은 낭도 무리를 통솔하고 조알하게 했다. 대왕과 미실은 함께 곤룡포와 면류관을 갖추고 나와, 남도(南桃)에서 조알을 받고 잔치를 크게 베풀었다. 이로써 원화 제도는 폐한 지 29년 만에 부활했다.

이에 연호를 고쳐 대창(大昌)이라 했으니 그해는 568년이다. 이날 저녁 대왕과 미실은 남도 정궁에서 기쁨을 함께했다. 낭도와 유화(遊花)[36]들로 하여금 새벽까지 돌아다니며 노래하고 서로 야합하도록

---

35 화모가 된 금진은 설원의 어머니다. 풍월주의 부인이 화모가 되어야 하지만 여자인 미실이 원화가 되었으므로 금진을 화모로 삼은 것이다.

36 유화는 30살 이하의 서민의 딸들 가운데 낭문에 속한 여자인데 어떤 일을 맡았는지 명확하지는 않으나, 풍월주를 포함한 화랑과 낭도들에게 색을 제공하는 일도 맡은 것으로 나타난다.

했다.

성 안의 미녀로서 나온 자가 또한 셀 수도 없이 많았다. 등불이 하늘과 땅을 이어 밝았고, 환성이 사방에 흘러 넘쳤다. 대왕과 미실 원화는 난간에 이르러 구경했다. 낭도들이 각자 유화 1명을 데리고 손뼉치고 춤추며 그 아래를 지나가는데, 번번이 만세 소리가 진동했다.

대왕이 매우 기뻐하며 원화와 함께 채전(彩錢 : 직물로 만든 돈)을 무리에게 던져주며 말했다.

"저들도 각각 암수이고, 나와 너 또한 암수이다."

미실은 몸을 완전히 돌려 품에 안기며 말했다.

"비록 이모(사도황후를 가리킴)의 존귀함으로도 이런 즐거움은 없었을 것입니다."

미실이 색이 아름답고 교태에 능한 것은 옥진의 기풍을 크게 가진 때문이다. 당시 사람들은 사다함의 영혼이 늘 미실의 가슴속에 있어 좋은 꾀를 준다고 말했다.

미실은 평소 동륜태자와 가까이 했는데, 정숙한 어머니로서 황후궁에 들어가 전주가 되었다. 대왕이 오래 살지 못할까 두려워, 감히 태자를 거부하지 못하고 몰래 서로 계속 좋아했다. 태자는 조심하기는커녕 미실을 더욱 자주 찾았다. 미실은 너무 많은 것이 탄로날까 두려워 미생과 의논하고, 태자가 밖에서 놀 때 유화 중에 아름다운 여자를 골라 많이 추천했다. 동륜태자와 미생의 무리가 날마다 밖에서 거친 짓을 일삼았다.

572년[홍제(鴻濟) 원년] 3월에 동륜태자가 보명궁의 사나운 개에 물려 죽었다. 대왕이 태자를 따른 자들을 가려보니 미실의 낭도에 속한 자가 많았다. 대왕이 새어나온 말을 듣기에 미실의 방탕함이 끝이 없으므로 세종을 불러들이고 미실이 원화에서 물러나는 것을 허락했다.

다시 세종을 풍월주로 삼았다. 미실은 이에 세종에게 권하여 말했다.

"나는 이미 원화와 전주를 물러났으므로, 당신과 함께 조용한 곳에 있고 싶습니다. 당신은 어찌 다시 풍월주가 되려 하십니까? 빨리 설원에게 물려주는 것이 좋지 않겠습니까?"

세종은 이에 설원에게 자리를 전했다.

그때 (동륜태자의 아우인) 금륜태자[37] 또한 미실과 사귀고 정을 맺기를 좋아하여, 설원·미생 등과 신분을 떠난 벗이 되었다. 미실은 이미 궁에서 나가 깨끗하게 살기를 공언했으나, 조용히 지내지 않고 마침내 금륜태자와 뒷일을 약속했다. 진흥대왕 또한 얼마 후 자제하지 못하여 미실을 다시 궁으로 불러들였다.

진흥대왕이 재위 37년인 576년에 세상을 떠나자 금륜태자가 즉위하니, 25대 진지대왕이다. 진지대왕은 미실을 받아들였으나 세간의 눈총 때문에 황후로 봉하지 못했다. 또한 다른 여자에게 빠져

---

37 『화랑세기』에는 금륜(金輪)태자를 대부분 줄여 금태자로 기록하고, 형 동륜(銅輪)태자도 줄여 동태자로 기록했다. 그리고 동태자의 누이는 은륜(銀輪)공주이므로 진흥대왕이 자녀 이름에 금·은·동을 쓴 것을 알 수 있다. 그런데 『삼국사기』〈진지왕 원년〉조와 『삼국유사』「왕력」편에는 두 번째 태자의 이름이 사륜(舍輪)인데 금륜이라고도 한다고 기록했다. 여기의 사륜이란 이름은 필사 과정에서 금륜의 '금(金)' 자가 모양이 비슷한 '사(舍)' 자로 잘못 인식된 것으로 생각된다.

예전만큼 미실을 총애하지 않았다. 새 대왕이 약속을 어긴 것에 분노한 미실은 사도태후와 손잡고 낭도들을 일으켜 진지대왕을 폐위시켰다.[38]

그리고 동륜태자의 아들 백정(白淨)을 세우니, 진평대왕(眞平大王)이다. 대왕은 어리고 미실은 이미 늙었기에 스스로 후궁의 일을 맡았으나 조정의 많은 일을 마음대로 했다.

세종은 처음부터 끝까지 맑은 절조를 홀로 지켰다. 미실의 뜻에 따라 장군과 재상을 지냈으나 깨끗하여 사사로운 뜻이 없었다. 크게 체면을 잃는 일이 있으면 즉시 미실에게 간언하며, 눈물을 흘려 참된 마음을 보였다. 미실 또한 감동하여 그를 중히 여겼으며 늦게나마 다시 서로 화합했다.

김대문은 『화랑세기』에서 세종을 이렇게 칭송했다.

"세종공은 태후에게 효도하고 대왕에게 충성했으며, 황후의 아들로 미실에게 정절을 바쳤다. 스스로 그것을 일생의 일로 삼았다. 평생에 한 사람도 책망하지 않고, 한 건의 송사(訟事)도 그르치지 않았다. 진실로 화랑 중의 화랑이었다."

---

38 진지대왕이 어머니 사도태후와 미실에 의해 강제로 폐위된 사실은 『화랑세기』를 통해 새로이 알게 되는 일이다. 『삼국사기』는 진지왕 4년에 왕이 세상을 떠났다고만 기록했다. 『화랑세기』에는 폐위되었다 하고 『삼국사기』에는 돌아간 것으로 되어 있으므로, 왕이 살해되었을 가능성도 있지만 『삼국사기』에 살해되었다는 내용이 없는 것으로 보아 왕이 유폐되어 있다가 돌아간 것으로 추정된다.

7세 설원

7세 풍월주 설원(薛原)은 549년(건원 14년)에 태어났으며 금진의 사사로운 아들이다. 아버지 설성은 낭도로서 용모가 아름답고 교태를 잘 부려 구리지의 용양신(龍陽臣)이 되었다. 앞에서 보았듯이 구리지가 전쟁터에 나가 있는 동안에 설성이 구리지의 아내인 금진과 정을 통해 설원을 낳았다. 설원은 아름다운 풍채에 옥피리를 잘 불었으나 출신이 미천하여 낭도들이 따르지 않았다.

그런데 미실이 대왕의 총애를 등에 업고 낭도들을 호령하여 설원에게 예속시키자 낭도들은 감히 거역하지 못했다. 미실은 늘 진귀한 보물을 설원에게 하사하며 말했다.

"그대의 낭도들을 어머니로서 품어주겠다."

설원은 이에 몇 명을 얻어 심복으로 삼았다. 자신이 7세 풍월주가 되자 미생을 부제로 삼고 아랫사람에게 몸을 굽히고 재물을 풀어 사람을 품으니 낭도들이 모두 겉으로 복종했으나 속으로는 미흡하다고 여기는 자도 많았다.

미실은 이에 설원에게 권하여 3세 풍월주였던 모랑의 과부인 준화를 아내로 맞게 했다. 준화는 그때 나이 38살로, 과부로 산 지 이미 18년이었다. 다시 화랑을 지아비로 얻어 마침내 아들 설응을 낳았다. 여러 낭도들이 "위화랑의 손자이다."라고 축하하며, 더 이상 설원에게 복종하지 않는 사람이 없었다.

설원은 평소 미실과 정을 통했는데 이쯤 되자 더욱 거리끼거나 삼가는 것이 없었다. 아내인 준화가 알았으나 막을 수 없었다. 이에 앞서 준화의 딸 준모가 미실로 인해 동륜태자와 정을 통하게 되었다. 이에 이르러 또 금륜태자에게 바치려 했으나 설원이 말렸다.

"준모가 동륜태자를 섬긴 일을 대왕께서 아시는데, 또 금륜태자에게 바친 것을 아시면 우리 부부를 좋아하지 않으실 것이오."

준화는 낭군의 말이 옳다고 여겨 따르기로 하고 준모에게 여승이 되라고 명했으나 준모는 순순히 따르지 않았다. 이에 설원이 준모를 꼬여 정을 통했는데 1년쯤 지나자 임신을 했다. 이 사실을 알게 된 준화는 펄펄 뛰며 지아비를 나무랐다.

"태자에게 바치는 것을 막고는 스스로 정을 통하다니, 이 무슨 도리입니까?"

설원은 미실에게 달려가 사태를 해결해달라고 애원했다. 미실은 동생인 미생에게 준모를 아내로 맞아들이라고 함으로써 일을 수습했다. 준모는 곧 미생에게 시집가서 설원의 딸을 낳아 미모라 이름했는데, 그때 낭도들은 이를 알지 못했다.

그때 문노(文弩)의 낭도들이 세종을 따라 지방에서 전공을 세웠으나 자리를 얻지 못하자, 설원에게 복종하지 않고 따로 일문(一門)을 세웠다. 이에 따라 낭도들도 갈라졌다. 설원의 파는 자기들이 정통이라 하고 문노의 파는 자기들에게 맑은 의견이 있다고 하여, 서로 다투었다. 미실이 걱정하여 세종을 시켜 화합하게 했으나 이루지 못했는데, 때마침 진흥대왕이 세상을 떠났다.

미실은 비록 새 대왕(진지대왕)에게 총애를 받긴 했지만 황후 지도부인에는 미치지 못했다. 지도부인의 아버지 기오는 문노와 종형제였다. 그래서 지도부인은 평소에 문노를 따랐다. 이에 대왕에게 권하여 문노를 국선(國仙)[39]으로 삼고 비보를 부제로 삼았다. 문노의 낭도들은 무예를 좋아하고 협기가 많았다.

설원의 낭도들은 향가를 잘하고 맑은 놀이를 좋아했다. 그러므로 나랏사람들이 문노의 무리를 호국선(護國仙 : 나라를 지키는 선도)이라 하고, 설원의 무리를 운상인(雲上人 : 구름 위에 노니는 사람)이라 했다. 골품이 있는 사람, 즉 신분이 높은 이들은 설원을 많이 따랐고, 신분이 낮은 민간의 사람들은 문노를 많이 따랐다.

진지대왕은 미실 덕분에 왕위에 올랐으나 색을 밝히고 방탕했다. 사도태후가 이를 걱정하여 미실과 폐위를 논의했다. 이에 사도태후의 오라비[40]인 노리부로 하여금 행하게 했다. 미실의 남편 세종과

---

39   풍월주와 별도로 국선을 명하여 화랑의 파가 일시 나뉘었다. 국선은 대왕이 직접 임명한 것을 알 수 있다.

40   원문에 '형'으로 되어 있다. 당시 여동생이 오빠를 '형'으로 불렀음을 알 수 있다.

함께 큰일을 일으키려 할 때, 문노의 무리가 복종하지 않을까 두려워 태후의 명으로 두 무리를 합쳐 하나로 만들었다.

미실을 다시 받들어 원화로 삼고, 세종을 상선(上仙), 문노를 아선(亞仙), 설원과 비보를 좌·우봉사화랑, 미생을 전방봉사화랑으로 삼아 진정시켰다. 이로써 문노의 무리 가운데 미천한 사람이 높은 관직에 많이 발탁되었다. 민간의 서민이나 투항·귀순한 무리가 출세하는 문으로 삼았으므로, 문노를 신처럼 받들었다.

미실은 문노가 설원보다 뛰어난 것을 알고 문노를 선도(仙徒)의 스승으로 명하고 설원과 미생에게 스승으로 섬기라고 했다. 설원의 무리 중에는 불평하는 자가 많았으나 설원은 "총주(寵主) 미실의 명을 거역할 수 없다."고 하고 무릎을 굽혀 섬겼다. 그러자 문노의 무리들도 기꺼이 설원에게 복종했다. 미실이 기뻐하며 설원의 자리를 문노에게 물려주게 했다. 문노가 말했다.

"국선은 풍월주보다 아래가 아니고 또 그대는 나의 아우인데, 어찌 스승이 아우로부터 받는가?"

설원이 말했다.

"국선은 비록 전 대왕께서 설치했지만 풍월정통은 아니다. 또 세종전군이 왕자의 귀함으로 오히려 사다함공을 이었으니, 하물며 내가 사형(師兄 : 문노)을 받들어 섬긴 것은 미실궁주의 명이 있었던 때문인데, 지금 궁주께서 또 양위를 명하므로 감히 거역할 수 없다."

문노가 말했다.

"궁주께서 이미 명했는데, 신 또한 어찌 감히 거역하겠는가?"

이에 풍월주를 이었다.

화랑의 법도는 후계자가 앞의 주에게 절을 올리고 신하를 칭하는 것이다. 양위하는 날, 미실과 세종은 함께 수레를 타고 왔다. 설원이 옷을 갖추어 입고 인부(印簿)와 검장(劍仗)을 받들어 미실과 세종에게 바치고, 먼저 미실에게 절하고 다음에 세종에게 절한 뒤 물러나 섰다.

세종이 미실에게 물었다.

"문노는 설원에게 도맥(道脈)으로는 스승이고 통맥(統脈)으로는 아우인데, 어느 자리에 앉아야 합니까?"

미실이 말했다.

"설원은 나의 총애하는 신하이고 또한 정통의 오라비입니다. 문노는 비록 스승이기는 하나 정도가 아니니, 어찌 절을 하지 않겠습니까?"

이에 세종은 설원에게 미실의 옆에 앉으라 명했다.

문노가 옷을 갖추고 무릎으로 나아가 먼저 미실에게 절하고, 다음에 세종에게, 그리고 설원에게 절하고는 엎드려 머리를 조아리고 자질이 없다고 사양했다.

미실이 이에 인부(印符)를 주며 말했다.

"네 형을 욕되게 하지 말라!"

문노가 인부를 받았다. 세종이 이에 문서를 주며 말했다.

"네 형을 욕되게 하지 말라!"

설원은 또 검장(劍仗)을 주며 말했다.

"네 형을 욕되게 하지 말라!"

옛날에는 반드시 공주 중 혼인하지 않은 자를 골라 인부를 전하고, 앞의 풍월주가 검장을 주었다. 이에 이르러 미실이 삼재(三才)[41]의 법을 처음 행했다. 이 뒤 문노는 설원에게 절하고 신하를 칭했다.

문노는 국선으로 화랑의 우두머리가 되었으므로 선화(仙花 : 국선화랑)라 불렀다. 문노의 무리에 불만을 가진 자가 있었다.

"선화께서 먼저 스승이 되었다가 뒤에 아우가 된 것은 궁주에게 팔아먹힌 것이 아닙니까?"

문노가 꾸짖어 말했다.

"궁주는 전군이 받드는 바이다. 어찌 감히 그런 말을 하는가?"

이에 무리는 감히 다시 말하지 못했다. 문노의 뜻은 미실이 아니라 세종을 위한 것이었다. 세종은 미실을 받들고 섬기면서도 오히려 모자람이 있을까 두려워했다. 그래서 세종을 따르는 문노는 굽히지 않을 수 없었다.

설원은 자리를 넘겨주고 미실을 따라 영흥사로 갔다. 설원은 거느린 낭도를 골라 미실의 출입을 호위하며 신하의 우두머리가 되었다. 후에 미륵선화라는 이름을 더했다.[42]

미실에게 끝까지 처음처럼 한 자는 설원이고, 세종에게 끝까지 처음처럼 한 자는 문노였다. 설원은 606년(건복 23년) 7월에 58살의 나이로 세상을 떠났다. 그때 미실이 이상한 병에 걸려 몇 달 동안

---

41   천(天)·지(地)·인(人)을 말한다.

42   미륵선화에 대해서는 이 책 제2부에서 『삼국유사』에 나오는 내용을 소개했는데, 그 미륵 선화는 여기의 설원과는 다른 전설적인 소년으로 등장한다. 한편 『삼국유사』에는 "처음으로 설원을 받들어 국선으로 삼았으니 이가 바로 화랑 국선의 시초이다."라고 했는데, 『화랑세기』를 보면 그 내용이 잘못 전해진 것임을 알게 된다.

일어나지 못했는데 설원은 밤낮으로 옆에서 모셨다. 밤에는 반드시 기도하며 몸을 대신코자 하여, 마침내 그 병을 대신했다. 미실이 일어나 슬퍼하며 자신의 속옷을 함께 넣어 장사지내며 말했다.

"나 또한 오래지 않아 그대를 따라 하늘에 갈 것이오."

한편 『화랑세기』는 설원의 부모와 관련해서 이런 이야기를 전하고 있다. 설원의 아버지는 설성인데, 출신은 알 수 없다. 아버지를 알지 못하여 어머니의 성을 따랐다. 어머니는 빼어난 미녀로 일찍이 남도(南桃)의 유화로 있었다. 우연히 좋은 낭도를 만나 서로 정을 통하여 잉태했으나 그대로 헤어졌다. 설성이 자라자 화랑의 놀이를 좋아하여 매일 냇가에서 아이들과 익혔다. 구리지가 지나다가 그것을 보고 그 모습이 기이하므로, 불러 집이 어디냐고 물었다.

가리키는 대로 가보니 작은 민가였는데, 아이의 어미가 허름한 옷을 입고 보리를 찧고 있었다. 맨발을 손으로 가리고 감히 쳐다보지 못했다. 구리지가 다가가 위로하며 남편에 대해 물으니 목이 메어 울며 말을 못하고 눈물이 절구공이를 적셨다. 한참 후에 이렇게 말했다.

"첩은 16살에 유화로 좋은 낭도를 만나 한 번 관계를 가져 이 아이를 낳았습니다. 관계를 가질 때 그 낭도가 말하기를 부모에게 물어 결혼하는데, 다만 출정하면 3년을 기다려야 한다고 했습니다. 그 후 기다려도 오지 않았습니다. 부모님은 믿을 수 없다고 다른 사람에게 시집보내려 했습니다. 첩은 따르지 않고 14년이나 믿음을 지켰습니다. 부모 또한 돌아가시고 모자가 서로 의지하고 있을 뿐입니다."

구리지가 말했다.

"너는 아직 나이가 적은데, 어찌 다른 사람에게 시집가지 않고 스스로 고생하는가?"

그 어미가 말했다.

"30살의 여자가 가면 장차 어디로 가겠습니까? 오직 아이가 자라는 것을 기다릴 뿐입니다."

구리지가 말했다.

"너를 보니 값싼 옷이 비록 더럽지만 얼굴이 수려하고 살결이 부드럽고 희니, 더러운 곳에 있을 인물이 아니며, 마치 먼지더미 속의 백옥과 같아서 도리어 사랑할 만하다. 네가 말한 좋은 낭도는 나와 비교하면 아름다움이 어떤가?"

어미가 말했다.

"귀인께서는 농담하지 마십시오. 첩의 추함이 어찌 높은 평을 감당하겠습니까? 또한 아무리 좋은 낭도라도 낭도에 불과합니다. 귀인과 비교하여 만 분의 일이나 되겠습니까?"

구리지가 말했다.

"내가 그 좋은 낭도인즉 그를 기다릴 필요가 없다. 내가 마땅히 너를 거둘 것이다."

어미가 말했다.

"귀하신 분이 어찌 희롱의 말을 합니까? 첩에게 이것이 어찌 합당합니까? 그 낭도가 살았다면 반드시 왔을 것입니다. 그런데 오랫동안 오지 않는 것은 출정에서 죽은 것입니다. 첩은 기다리지 않은 지 이미 오랩니다."

구리지가 친근하게 말했다.

"오늘은 곧 너의 좋은 날이다. 보리밥을 지어 오겠는가?"

어미가 기뻐 말했다.

"값싼 음식으로 받들어 올리기에 부족하지만 감히 명에 따르지 않을 수 없습니다."

이에 한 상에서 채소로 된 음식을 다 먹고 구리지가 말했다.

"우리 부인의 음식이 매우 맛있다."

마침내 이끌어 사랑을 나누려 하니, 어미가 간하여 멈추게 하고 말했다.

"첩은 몸을 깨끗이하여 14년이 되었습니다. 마을의 젊은이들이 범하려고 다투었으나 첩의 의지와 기개를 굴복시키기 어려워, 서로 경계하여 지킨 까닭에 오늘에 이르렀습니다. 하루아침에 이를 그르치면 마을의 무뢰한 사람들이 당장 달려와, 내일 어느 놈의 소유가 될지 모릅니다. 이렇게 되면 우리 모자는 죽습니다. 귀인께서 어떤 분인지 모르지만 감히 사랑하지 않는 것은 아닙니다. 불쌍히 여겨 용서해주시기 바랍니다."

구리지가 웃으며 말했다.

"나는 비량공의 사랑하는 아들이다. 내가 너를 첩으로 삼는데 누가 감히 너를 범하겠는가?"

어미가 크게 놀라 말했다.

"뜻밖에 오늘 이런 큰 경사가 생겼습니다. 첩은 감히 여러 말을 않겠습니다. 바라건대 어르신 좋을 대로 하십시오."

곧 목욕을 하고 사랑을 받았다. 구리지는 새 집을 짓고 그 마을

을 봉하여 주었다. 마을 사람들이 영광으로 여겨 그 마을을 '대행(大
幸)'이라 불렀다.

이렇게 하여 설성은 구리지의 신하가 되었다. 구리지는 설성의
출신이 미천함을 염려하여 급간(級干 : 관직 9등급) 설우휘의 가문에 속
하게 하여 벼슬길을 열어주었다.[43] 구리지가 금진부인과 정을 통하
게 되자, 설성은 그 사이에서 명을 받들었다. 금진이 설성의 아름다
움을 사랑하여 몰래 정을 통했다. 구리지가 전쟁에서 죽자, 곧 설성
과 함께 살아 설원을 낳았다. 설성의 어머니 또한 구리지의 의붓아
들 셋을 낳았다.

---

43 『화랑세기』 원문에는 "○지(○知)로 발탁했다"고 나오는데 아마 관직 13등급 사지(舍知)
   또는 15~16등급 오지(烏知)일 것으로 보인다.

8세 문노

"가야의 외손이고 의로운 기개의 으뜸으로 국선화랑(풍월주)이
되어 우리의 국풍을 떨쳤다. 김유신이 삼한(三韓)을 통합하고
나서 문노공을 무사 기개의 으뜸으로 삼았다. 각간으로 추증
하고, 신궁의 선단(仙壇)에서 큰 제사를 지냈다."

_『화랑세기』

김대문은 8세 풍월주 문노(文弩)에 대해 후일 김유신이 그를 "무
사 기개의 으뜸"이라고 평가하고 신궁에서 크게 제사지낸 사실을
소개하고 있다. 여기의 신궁이 어떤 곳인지 매우 궁금하지 않을 수
없다. 신궁은 글자 그대로 신을 모신 궁이다. 신은 일반적으로 하늘
나라에 영원히 존재하는 신을 의미하지만, 신라에서는 조상들인 제
왕을 신으로 생각하여 신궁에 모셨다. 신인 제왕들이 다스리는 신

라는 그러므로 스스로 신국이라고 불렀다.

신궁을 처음 설치한 것은 21대 소지마립간 9년(『삼국사기』「신라본기」) 또는 22대 지증마립간 때(『삼국사기』「잡지」〈제사〉조)로 기록이 엇갈린다. 신궁을 설치한 곳은 시조 박혁거세가 탄생한 내을(奈乙)이다. 『화랑세기』의 위 기록을 보면 신궁에는 왕들 이외에 문노 같은 국가적 영웅을 모셔 제사지낸 사실을 알 수 있다. 신궁 안의 선단(仙壇)은 바로 문노 같은 화랑을 모신 곳으로 생각된다.

신궁에서 제사지낼 정도로 숭앙받은 8세 풍월주 문노는 비조와 가야국의 문화공주 사이에 태어났다. 문화공주는 야국(野國)왕이 바친 여자라고 말하기도 한다. 문노의 할아버지인 호조공의 전기인 『호조공기(好助公記)』에는 "북국 왕녀"라고 했는데, 문노는 스스로 가야가 외할아버지의 나라라고 했으니, 북국이란 대개 가야의 북쪽 나라일 것이다. 법흥대왕이 가야를 남과 북으로 나누어 이뇌를 북국왕으로 삼고 신라의 양화공주를 왕비로 삼게 했으며, 청명을 남국왕으로 삼았다.

얼마 후 이뇌의 숙부 찬실이 이뇌를 내쫓고 스스로 왕이 되었다. 그때 호조가 가야에 사신으로 가서 찬실을 책망했다. 이에 앞서 찬실은 야왕(野王)의 사위가 되었는데, 문화공주는 생각하건대 반드시 찬실의 딸일 것이다. 공주는 처음 호조의 둘째 부인이 되었으나, 비조와 몰래 통하여 문노를 낳았다.

문노는 어려서부터 격검을 잘했고 의기(義氣)를 좋아했다. 가야가 반기를 들자 사다함이 문노에게 함께 가기를 청했다. 그러나 문노는 거부했다.

"어머니의 아들로서 내가 어찌 외할아버지의 백성들을 괴롭히겠는가?"

그런데 나랏사람 중에 문노를 비난하는 자가 있자, 사다함이 문노를 옹호하여 말했다.

"내 스승은 의인이다."

사다함이 가야에 들어가서는 함부로 죽이지 않도록 주의를 주어 그 뜻에 보답했다.

앞서 호조가 가야의 일에 능통하여 자주 사신으로 갔다. 비조 또한 그 뒤를 이었는데, 문노를 세워 청화공주의 딸 청진공주에게 장가들었다. 청진공주가 법흥대왕의 총애를 받으므로 비조는 요직에 발탁되었다. 그 권세가 법흥대왕의 마복자들인 7총신과 막상막하였다. 비조는 형세를 잘 엿보아 몰래 영실을 따르며 신하로서 그를 섬겼다.

537년(건원 2년)에 법흥대왕이 영실을 부군(副君)으로 삼아 왕위를 넘기려 했는데, 따르지 않는 자가 있을까 두려워 비조를 병부령으로 삼아 군대를 통솔하게 했다. 총신 중에 옳게 여기지 않는 사람들이 많아 일이 이루어지지 않았다. 지소태후가 정권을 장악하자 비조를 물리치고 등용하지 않았다. 그러자 비조는 영실과 함께 물러나 바둑이나 두며 답답한 마음을 달랬다.

문노는 스스로 화랑이 되어 가야파 무리를 모아 일문을 이루었다. 다른 화랑들이 배척하고 비난했다. 옥진궁주가 화랑의 분열을 근심하여 이화에게 문노를 보호하게 했다. 이화가 문노를 사다함의 스승으로 삼고 낭도로 하여금 공경하여 받들게 했다. 지소태후가 이상하게 여겨 물으니, 이화가 말했다.

"천자에게도 오히려 신하 노릇을 하지 않는 신하가 있는데, 하물며 선(仙)의 무리는 지조가 굳고 인격이 결백하며 기품이 높으니, 한 가지 법으로 규제할 수는 없습니다. 이는 신의 별파유군(別派遊軍)[44]입니다."

554년(개국 4년)에 문노는 장군 무력(김유신의 할아버지)을 따라 백제를 쳤다. 당시 나이 17살이었다. 공을 세우고도 보답을 받지 못했으나 개의치 않았다. 다음 해인 555년에는 북한(北漢)으로 나가 고구려를 쳤다. 다시 2년 뒤인 557년에는 국원(國原)으로 나갔으며, 또 북가야를 쳤다. 모두 공을 세웠으나 보답을 받지 못했다. 이에 대해 아랫사람이 불평을 하자 문노는 이렇게 달랬다.

"상벌은 소인(小人)의 일이다. 너희들은 이미 나를 우두머리로 삼았는데, 어찌 나의 마음을 너희들의 마음으로 삼지 않는가?"

이전에 세종이 6세 풍월주가 되었을 때 친히 문노의 집으로 찾아와 말했다.

"나는 감히 그대를 신하로 삼을 수 없소. 청컨대 나의 형이 되어 나를 도와주시오."

그 말이 매우 간절하므로 문노가 이에 굽혀 그를 섬겼다. 세종은 이에 진흥대왕에게 아뢰었다.

"비조의 아들 문노는 고구려와 백제를 치는데 여러 번 공이 있으나 어미로 인하여 드러나지 못했으니 나라를 위하여 아까운 일

---

44   일정한 소속 없이 필요에 따라 아군을 지원하고 적군을 공격하는 군대.

입니다."

대왕이 이에 급찬의 자리를 내렸으나 문노는 받지 않았다.

문노의 무리 중에 금천이란 자가 있었는데 백운과 제후를 위하여 사사로이 사람을 죽였다. 조정에서 벌을 주려 했으나 세종이 말렸다.

"의리 때문에 일어난 일이니 상은 가하나 벌은 불가하다."

이에 세종에게 벼슬을 내려 기렸다. 이로써 문노의 낭도들이 세종에게 많이 돌아갔다.

사도황후 또한 문노의 이름을 듣고 몰래 도우며, 이끌어 자기편으로 삼았다. 세종이 출정하자 문노도 북한산에 따라가 여러 번 고구려 군사를 패하게 했다. 미실이 문노를 불러서 봉사(奉事)로 삼으려 했으나 승낙하지 않았다. 진지대왕이 즉위하자 지도황후가 일을 꾸며 일길찬(관직 7등급)으로 발탁했으나 이 역시 받지 않았다.

세종이 사도황후의 밀조를 받고 진지대왕을 폐위시키려 하며, 문노를 불러 물었다.

"위로는 발탁하여 등용한 은혜가 있고 또한 황후와 함께 근친이 되었는데, 명을 어떻게 하면 좋겠는가?"

문노가 말했다.

"신은 오로지 명으로 움직일 뿐입니다. 어찌 감히 사사로운 정을 돌아보겠습니까?"

진지대왕이 폐위되자 그 공으로 문노는 비로소 아찬(관직 6등급)으로 올랐고, 미실의 총애를 받아 선화(국선화랑)의 자리를 얻으니 곧 8세 풍월주다.

문노는 용맹을 좋아하고 문장에 능했다. 아랫사람을 자기 자신처럼 사랑했고, 맑고 탁한 것에 구애되지 않고 자기에게 돌아오는 자는 모두 품었다. 그러므로 명성을 크게 떨쳤고, 낭도들이 죽음으로써 충성을 바치기를 원했다. 무사의 기풍이 이로써 빼어났고, 삼한의 통일대업이 그에게서 싹트지 않은 것이 없었다.

문노 때 낭도의 마을인 부곡(部曲)을 두었다. 좌·우봉사랑을 좌·우대화랑으로 하고, 전방봉사랑을 전방대화랑으로 하여 각각 3부의 낭도를 거느리게 했다. 또 진골화랑·귀방화랑·별방화랑·별문화랑을 두고, 12~13살의 빼어난 진골 및 대족(大族)의 자제 중 원하는 자로써 이를 삼았다. 좌화랑 2인과 우화랑 2인을 두고 각각 소화랑 3인, 묘화랑 7인을 거느렸다. 좌3부는 도의·문사·무예를 맡고, 우3부는 현묘(玄妙)·악사(樂事)·예사(藝事)를 맡고, 전3부는 유화(流花)·제사(祭事)·공사(供事)를 맡았다. 비로소 화랑 조직이 제대로 된 시스템을 갖추게 되었다.

문노는 3년간 재위하고 비보에게 전했다. 문노는 오랫동안 아내가 없었는데 이는 그의 지위가 낮았던 것이 한 원인이었다. 576년(홍제 5년) 10월에 문노는 지도황후의 명으로 국선이 되고 거칠부의 딸 윤궁(允宮)을 받들어 선모(仙母: 국선의 부인)로 삼았다.

문노는 거칠부의 딸과 혼인을 함으로써 신분차를 뛰어넘은 혼인의 주인공이 되었다. 오늘날에도 그렇듯이 우여곡절 끝에 혼인에 골인했는데, 높은 신분이었던 윤궁은 신분이야 어떻든 사람만 좋으면 된다고 일단 허락은 했으나 혼인에 이르기까지는 다섯 가지 걸림돌이 있었다.

윤궁의 아버지는 『화랑세기』에는 황종(荒宗)으로, 『삼국사기』에는 거칠부(居柒夫)로 기록된 이다. 황종은 중국식 표기이고 거칠부는 우리말 표기이다. 거칠부는 진흥대왕 6년(545)에 『국사』를 편찬하여 파진찬(관직 4등급)에 올랐고, 12년(551)에는 고구려를 쳐서 죽령 밖 10군을 취했다. 진지대왕 원년(576)에 최고의 관직인 상대등에 올라 군국의 정무를 보았다.

윤궁의 어머니는 미진부의 친누이였으므로, 윤궁과 미실궁주는 종자매간이다. 윤궁은 미실과 함께 동륜태자를 섬겨 딸 윤실공주를 낳았으나 태자가 개에 물려 죽은 후 5년 동안 과부로 지냈다.

이에 앞서 문노가 세종을 모시고 출정했다가 돌아왔다. 세종은 문노가 아내가 없는 것을 걱정했다. 그러자 미실이 말했다.

"내 동생 윤궁이 이 사람에게 어울리는데, 지위가 낮은 것이 걱정입니다."

윤궁이 듣고 말했다.

"사람이 좋다면 어찌 지위를 논하겠습니까?"

문노 또한 그 말을 듣고 기뻐했다. 문노의 부제인 비보도 윤궁과 종형제였으므로 문노를 위해 윤궁이 그를 새 남편으로 맞아들이라고 윤궁에게 적극 권했다. 윤궁이 말했다.

"내가 비록 뜻이 있으나 다섯 가지 의롭지 못한 것이 있으니 어찌할 것인가?"

비보가 그것이 무엇이냐고 물으니 윤궁이 말했다.

"문노는 지위가 낮으므로 내가 윤실과 자식의 관계를 끊는 것이 그 하나이다. 나의 마음은 언제나 문노를 향하고 있지만 그의 지위가 낮은즉 마음의 갈등을 끊는 것이 둘이다. 진종전군이 3대의 영광된 자리에서 나를 총애하는데, 지금 늙어 사랑할 만한 것이 없으나, 여러 번 사람을 시켜 나를 부르는데도, 정군(貞君)을 거절하고 다른 데로 가는 것이 셋이다. 아버지가 재상의 귀함으로 나를 좋고 귀한 사람에게 시집보내려는데도, 거부하고 다른 곳으로 가는 것이 넷이다. 금륜태자가 형(동륜태자)을 이어 나를 총애하려는데, 이를 거부하고 다른 곳으로 가는 것이 다섯이다. 이 다섯 가지가 풀리면 나는 문노에게 갈 것이다.”

비보가 돌아와 문노에게 이 말을 전하니 문노가 말했다.

“윤궁의 말이 옳다. 나는 기다릴 것이다.”

다행하게도 얼마 후 진종이 세상을 떠났고, 네 가지 절의도 끊어졌다. 문노가 장차 크게 기용되려 하자 윤궁의 뜻이 자못 기울었다. 이에 문노와 더불어 미실의 궁에서 서로 보았다. 문노가 말했다.

“우리 낭주가 아니면 곧 선모도 없으니, 내가 국선에 나아가지 못합니다.”

윤궁이 말했다.

“첩이 그대를 그리워한 지 오래되어 창자가 이미 끊어졌습니다. 비록 골품을 더럽힌다고 해도 할 수 있는데, 하물며 선모의 귀함입니까?”

문노가 기뻐 말했다.

“사람들은 내가 국선이 된 것을 영광이라 말하지만, 나는 스스로 선모가 있어 영광입니다.”

윤궁이 이에 문노에게 몸을 허락하여 아들 셋을 낳아 대강·충강·금강이라 불렀으며 딸도 셋을 낳았다.

윤궁은 밖으로는 비록 선모였으나, 안으로는 실제로 부인이 되어 문노의 일을 정성을 다해 도왔다. 문노는 평소에 미실과 여러모로 맞지 않았다. 윤궁이 간하여 말했다.

"당신은 세종전군의 신하인데, 미실궁주를 반대하는 것은 옳지 않습니다. 전군이 미실을 목숨처럼 여기는 것은 당신이 나를 목숨처럼 여기는 것과 같습니다. 만약 당신의 낭도가 당신을 옳다 하고 나를 그르다고 하면, 당신은 어떻게 하겠습니까?"

문노가 말했다.

"선모는 궁주와 같은 잘못이 없는데 낭도들이 어찌 비난하겠습니까?"

윤궁은 이에 미실의 잘못을 힘써 감싸며 말했다.

"사람은 모두 장단과 과실이 있는 것은 형세에 부득이한 것이 있기 때문입니다. 당신이 오랫동안 전쟁터에 있어서 오직 철석같은 정신만을 법으로 삼고, 처자의 즐거움이 없는 것은 세상과 통하지 않기 때문입니다. 내가 지금 당신의 아들을 가졌는데, 당신이 한마음으로 굳게 지키고 권문에 거스른다면, 뱃속에 있는 이 아이는 장차 어떤 처지가 되겠습니까? 아이의 좋은 아버지라면 나를 따라야 합니다."

문노가 탄식하여 말했다.

"나는 의지와 기개로 선모를 받드는데, 선모는 세상 일로 나를 감싸지만 자손(子孫)은 사사로운 것입니다. 정을 사사로이 행하면 의리가 감추어지고 명분은 흩어집니다. 그렇지만 선모가 신에게 허락한 뜻은 가히 죽음으로써 맹세한 것입니다. 차라리 내가 무리를 실망시킬지언정 선모를 거스를 수는 없습니다. 그런데 내가 정을 사사로이 행해야 합니까?"

윤궁이 웃으며 말했다.

"정이 아니면 당신과 내가 어찌 남녀의 일로 서로 범할 수 있겠습니까? 무릇 의는 정에서 나오고 정은 뜻에서 나오니, 세 가지는 서로 반대되지 않습니다. 그러므로 큰 정은 의가 되고 큰 사사로움은 공(公)이 된다고 했습니다. 만약 대중에게 사사롭지 않으면 대중을 거둘 수가 없습니다. 당신은 어찌 일찍이 사사로움이 없었겠습니까? 당신과 동침한 밤 나는 꿈에 쇠로 된 큰 소를 보았는데, 반드시 호랑이 새끼를 낳을 것입니다. 당신 같은 영웅이 어찌 좋은 씨앗이 되지 않겠습니까? 대중 또한 남의 자식입니다. 남의 자식을 중히 여기면서 사랑하는 아들은 중히 여기지 않는 것은 의가 아닙니다. 자기를 손상하고 명예를 좋아하는 것 또한 사사로움에서 나옵니다. 당신과 내가 서로 사랑하는 것은 정의 순수함입니다. 무리들이 당신에게 의지하는 것은 정이 얽힌 때문입니다. 청컨대 우리아이의 좋은 아버지가 되어 나를 따라주십시오."

문노가 크게 깨달아서 말했다.

"선모는 진실로 성인입니다. 신은 자못 어리석을 뿐입니다."

이리하여 부부의 정이 더욱 무르익었다. 문노는 윤궁의 뜻을 좇아 스스로 굽혀 미실을 섬기고 설원을 허락했다.

문노와 윤궁의 세 아들 중 장남 대강은 후에 재상에 이르렀다. 둘째 충강 또한 높은 자리에 이르렀으며, 셋째 금강은 제일 귀하게 되어 백성과 신하로서는 최고의 자리에 올랐다.[45] 문노와 윤궁의 딸 윤강·현강·신강은 모두 귀족 가문에 시집가서 영화롭고 귀하게 되었다. 윤궁의 말이 들어맞은 것이다.

문노는 큰아들 대강을 낳은 뒤 사사로운 정의 진실됨을 더욱 느끼고 모든 일을 윤궁에게 물어서 행했다. 이를 옳게 여기지 않는 사람이 말했다.

"초년의 기상이 없어졌다."

문노가 듣고 웃으며 말했다.

"나 또한 지난날 (세종)전군이 (미실)궁주의 말을 듣고 따르는 것을 흉보았는데, 내가 스스로 당하니 알겠다. 너희들 또한 스스로 당하면 마땅히 알 것이다."

그리고 마음에 두지 않았다.

문노가 진지대왕의 폐위에 참여한 공으로 선화가 되었는데 윤궁의 내조가 컸다. 아찬의 자리에 이르러 비로소 윤궁과 같은 골품인 진골이 되었다. 윤궁이 기뻐하며 말했다.

"그대가 지아비가 될 날이 가까웠습니다."

미실이 과연 진평대왕에게 청하니, 명을 내려 윤궁을 문노의 정실 부인으로 삼게 했다. 진평대왕과 세종전군이 친히 포석사(鮑石祠)에 나아가 크게 잔치를 베풀고 기뻐 말했다.

"오늘 비로소 낭군이 되었으니 참으로 귀한 경사입니다."

---

45 『삼국사기』는 금강이 무열대왕 2년(655)에 이찬으로 상대등이 되었으며, 7년(660)에 세상을 떠나므로 뒤를 이어 이찬 김유신이 상대등이 되었다고 기록하고 있다.

윤궁이 말했다.

"첩의 몸은 이제 같은 골품의 주인을 갖게 되었으니, 마땅히 붙좇아야 합니다. 어제 이전에 낭군은 첩의 신하였으므로 첩을 따르는 것이 많았으나, 오늘 이후 첩은 낭군의 아내로서 마땅히 낭군의 명을 따를 것입니다."

마침내 윤궁은 감히 다시 문노와 다투지 않고 그의 명을 힘껏 따랐다. 검소하고 무리를 사랑하여 손으로 직접 옷을 만들어 낭도에게 주었다. 문노가 종양에 걸리니 입으로 빨아 낫게 했다.

문노는 풍월주로서 유화로 인해 물든 일이 한 번도 없었다. 집에 머물러 화락하고 조용한 모습이 마치 물수리와 원앙 같았다. 풍월주를 넘겨주고 나서는 윤궁과 늘 수레를 같이 타고 야외로 나가 거닐다 돌아왔다. 그는 평소 술을 마시지 않았다. 윤궁이 일찍이 문노에게 말했다.

"첩이 들으니 영웅은 주색을 좋아한다고 하는데, 낭군께서는 술을 안 마시고 색을 절제하니, 첩이 속으로는 부끄러워합니다."

문노가 웃으며 말했다.

"내가 색을 좋아하면 그대가 질투할 것이며, 술을 좋아하면 그대의 일이 많아질 것입니다."

윤궁이 말했다.

"장부는 마땅히 좋아하는 것을 해야지, 어찌 한 여자만 생각할 수 있습니까? 잠자리의 첩은 저의 일을 대신할 것이니, 기뻐하되 투기할 일이 아닙니다. 지아비를 위하여 일이 많은 것은 아내의 영광입니다. 행하기를 부탁합니다."

문노는 윤궁의 말에 따라 술을 조금씩 마시고 잠자리 첩 1명을 두었으나 어지러운 적이 없었다.

문노는 젊어서 지극히 올바르고 빈틈이 없었으나 윤궁을 아내로 맞은 뒤에는 사람이 변하여 시비를 가리기보다 화목을 더 중시하게 되었다. 세상 사람들은 부인이 남자를 이렇게 변화시켰다고 생각했다. 그래서 세상에서 부부를 말할 때는 반드시 문노 부부를 들어 이렇게 말했다.

"지아비를 택하는 데는 마땅히 문 선화와 같아야 하고, 아내를 맞는 데는 마땅히 윤 낭주와 같아야 한다."

포석사에 문노의 화상(畵像)을 모셨다. 포석사에 문노의 화상을 모신 것을 보면 그곳에 다른 왕이나 주요 인물의 화상도 같이 모셨을 것으로 짐작된다. 오늘날 포석사의 위치는 알 수 없으나 포석사는 그 이름이 『삼국사기』에 보이는 포석정(鮑石亭)을 떠오르게 하는데 같은 곳에 있었던 것이 틀림없다.

포석정에 대해서는 『삼국사기』〈경애왕 4년(927)〉조에 후백제를 세운 견훤이 9월에 고울부(高鬱府)에 침입하여 11월에는 왕경(王京)까지 쳐들어왔을 때, "이때 왕은 비빈과 친척들과 함께 포석정에서 잔치를 베풀고 노느라고……"라고 기록했으나 이는 사실을 잘못 안 것으로 생각된다. 포석정이 잔치를 하고 놀기 위해 따로 만든 시설이 아니라 포석사에 있던 작은 공간이었다면, 이때 왕은 왕족들과 함께 조상들에게 제사 드리고 견훤의 침입을 물리치도록 빌지 않았을까 짐작해본다.

문노는 606년(건복 23년)에 세상을 떠났다. 69살이었다. 윤궁부인 또

한 그해에 지아비의 뒤를 따라 하늘로 올라가 신선이 되니, 나이는
지아비보다 10살이 적은 59살이었다.

9세 비보

9세 풍월주 비보(秘宝)는 비대전군과 실보부인 사이에 549년에 태어났다. 어머니 실보부인은 2세 풍월주 미진부의 누이였다. 비보는 설원과 같은 해에 태어났다. 같이 노래를 배웠으나 설원에 미치지 못했고 피리를 배웠으나 또한 설원에 미치지 못했다. 이에 문노에게 가서 검을 배워 마침내 뛰어난 제자가 되어 문노를 힘껏 보좌했다. 문노가 선화가 되자 그 공으로 그의 부제가 되었고 마침내 9세 풍월주에 올랐다.

비보는 문노의 법을 힘써 따르고, 미천한 자를 발탁하고 약한 자를 구하는 데 힘썼다. 낭도를 나누어 보내 변방을 지키는 이들을 위로했다. 그때 미생은 설원의 부제로, 오랫동안 풍월주에 오르지 못했다. 문노가 이에 미생에게 물려주도록 명했다. 비보가 3년간 재위하고 물러나니 낭도들이 아까워했다. 때는 585년(건복 2년) 봄 정월이었다.

비보는 노리부의 딸 세진을 아내로 맞아 아들 세호 및 딸 세미와 세신을 낳았으나 세진은 병으로 일찍 죽었다. 비보는 다시 진흥대왕의 딸 덕명공주를 아내로 맞았는데, 공주의 어머니는 가야국 월화공주이다. 덕명공주는 다섯 아들과 세 딸을 낳았는데, 아들은 붕부·보부·석부·보주·진주이고, 딸은 홍주·녹주·명주였다. 의붓아들은 유오·유매·가기·수동 등으로 모두 귀하고 높아 명성이 있었다.

의붓아들 유오는 비보의 셋째 부인 유지가 낳았다. 검술을 잘했던 유지는 방랑하며 어지러운 무리를 모아 소요를 일으켰다. 조정에서 군사를 모아 잡으려 했으나 이루지 못했다. 비보가 18살에 그녀가 숨어 있는 굴을 찾아가 붙잡았다. 유지는 미모에다 뜻이 높아, 비보의 높은 풍모를 보고 스스로 항복했을 것이다. 비보는 그들을 가련하게 여겨 모두 풀어주었다. 유지는 홀로 가지 않고 말했다.

"그대를 좇아 죽기를 원하며, 다른 곳에 도망해 살기는 원하지 않습니다."

유오는 어머니의 풍모가 있어 얼굴이 맑고 빼어났으며, 의기(義氣)가 있었다. 18살에 지명법사를 따라 중국 진(陳)나라에 들어가 불법을 구하고 많은 책을 가지고 와서, 후진 불제자들을 가르쳤으니 그 공 또한 컸다.

비보가 풍월주로 있을 당시 국가가 태평하고 곡식이 잘 익어 백성이 배부르게 되었다. 모두 비보가 그 주인이라고 생각했다. 미생이 취임하자 봄에 가물어 씨를 뿌리지 못했다. 진평대왕이 반찬을 줄이고 죄수를 풀어주자 비가 내렸다. 사람들은 미생이 욕심이 많은 탓이라 여겼다.

이전에 비보가 동대의 아들 대세가 천재이므로 전방대화랑으로 삼으려 했다. 그런데 대세의 어머니는 비보의 어머니 실보의 여동생 골보였으므로, 대세는 비보의 종제(從弟)였다. 많은 사람이 싫어하여 이루지 못했다. 비보가 미생에게 양위함에 이르러 부탁하여, 대세에게 전방대화랑을 주었다. 얼마 안 되어 미생의 첩의 동생 제문이 그 자리를 원했다. 이에 대세가 유화를 탐하고 술을 마시고 행동이 거칠었다는 책임을 물어 물러나게 했다. 대세는 이에 노하여 곧 들로 나가 자취를 감추었다.

비보의 부인 덕명공주는 대세와 동갑내기였는데 그리워하여 몰래 서로 정을 통했다. 비보는 이를 알고 있었지만 꾸짖지 않았다. 그러자 대세는 그 은혜에 감동하여 마침내 덕명과 헤어졌다. 스스로 모랑(3세 풍월주)과 완적(阮籍)[46]에 비교했고 술만 마셨다 하면 울곤 했는데, 유화들 중에는 그를 사모하는 자가 많았다. 대세는 자기를 사모하는 자를 거부하지 않았다.

비보는 대세의 아픔을 알고 가엾게 여겨 좌방화랑으로 삼았다. 얼마 후에는 우방화랑으로 삼아 장차 크게 쓸 것임을 보여주고 술을 절제하도록 했다. 잠시 잘되는 듯했으나, 미생이 처음 대세를 전방대화랑에 발탁하고는 권한을 주지 않았다. 대세는 평소 미생에게

---

46 중국 삼국시대 위나라 사람으로 죽림7현의 1명이다. 보병의 주방에 술 300석이 저장되어 있다는 소문을 듣고 보병교위로 지원할 만큼 술을 좋아했다고 한다.

복종하지 않았으므로, 이에 술을 마시고 미생의 탐욕과 어리석음이 가뭄을 불러왔다고 욕했다. 그러자 미생은 심복 낭도를 시켜 그의 거친 행동을 공격하게 했다.

비보는 곧 담수 스님에게 대세를 보살피게 하고, 때때로 술을 보내 위로했다. 대세는 이에 분발하고 힘써 공부하여 신선의 참된 도를 터득하려 했다. 벗 구칠과 함께 바다를 건너 서쪽으로 갔다. 구칠 또한 비보의 화랑이었다. 두 사람이 떠나가자 비보의 심복 낭도들이 많이 불안해했다.

대세와 구칠의 이야기는 『삼국사기』〈진평왕 9년〉조에도 나온다. 그들이 천재성이 있고 뜻을 해외에 두는 등 촉망받던 화랑임을 알 수 있으나, 그들이 짝이 되어 해외로 훌쩍 떠나 사라진 일을 『삼국사기』에서까지 비교적 상세하게 기록한 점은 이해하기 어렵다. 그 내용을 소개하면 아래와 같다.

대세와 구칠이 바다로 달아났다. 대세는 내물대왕의 7세손으로 이찬 동대의 아들이다. 그는 남달리 자질이 뛰어나 젊어서부터 해외에 뜻을 두고 중 담수와 더불어 사귀고 놀며 말했다.

"이 신라의 산곡간에 살며 평생을 마친다는 것은, 어찌 연못에 든 고기나 장에 갇힌 새가 창해의 넓고 큼과 산림의 넓고 자유로움을 알지 못하는 것과 다름이 있겠는가? 내 장차 배를 타고 넓은 바다로 떠서 오(吳)·월(越)나라에 이르러 훌륭한 스승을 찾고 또 명산을 찾아 도를 닦으려 한다. 이리하여 만약 범인의 처지를 벗어나 신선의 도를 배운다면 표연히 바람을 타고 저 훤한 하늘 밖으로 날아갈 것이니, 이야말로 천하의 기이한 유람이며 장관일 것이다. 그대는 나의 뜻을 좇겠는가?"

그러나 담수는 좋아하지 않으므로, 대세는 다른 벗을 구하다가 마침 구칠을 만났다. 구칠은 사람됨이 지조가 있고 결백하며 기이한 절개가 있었으므로, 드디어 그와 더불어 남산의 절에서 놀았다. 그때 갑자기 풍우가 몰아쳐 나뭇잎이 떨어지고 빗물이 뜰에 가득 고이니 대세가 구칠에게 말했다.

"나는 그대와 함께 서쪽 멀리 유람하고 싶다. 지금 저 나뭇잎을 가지고 배를 만들어 띄워놓고 누가 먼저 가고 뒤에 가는 지를 점쳐보자."

시험해보니 대세가 만든 잎배가 먼저 와서 닿으므로, 대세가 웃으며 말했다.

"내가 먼저 가겠구나."

구칠이 발끈하여 일어나 말했다.

"나 또한 사나이다. 어찌 나 홀로인들 못 가랴?"

대세는 그가 벗으로 부족함이 없는 것을 알고, 몰래 자기의 뜻을 말하니 구칠이 말했다.

"이는 바로 나의 원하는 바다."

둘은 마침내 벗이 되어 남해로부터 배를 타고 떠나가버렸으니, 뒤에 그들이 간 곳을 알지 못했다.

대세와 구칠이 떠난 후로 비보에 대한 불만이 높아져 마침내 당파가 나뉘었다. 비보는 허물을 자기에게 돌리며 상선의 자리를 면하려고 했다. 문노가 허락하지 않고 말했다.

"선도의 우두머리는 오직 우리 두 사람인데 그대가 물러나면 무사의 기개를 장려할 수 없다."

이에 비보는 제문을 면직시켰다. 얼마 안 되어 미생 또한 어려움을 알고 풍월주를 비보와 하종에게 물려주었다. 덕명의 큰아들 봉부가 돌아왔다. 비보의 이모인 골보는 비보의 책임을 면하게 했다.

하종이 풍월주가 되자 화랑의 정치를 모두 어머니인 미실에게 물어 결정했다. 미실 또한 나뉜 파벌의 뜻을 염려하여, 모든 상선과 선배 화랑들을 모아 열선각(列仙閣)을 짓고, 대의(代議)를 통과시켜 결단했다. 그러므로 파벌의 의견이 비록 많았으나 또한 무사히 지나갔다.

비보 또한 미실의 신하로서 감히 배반할 수 없었으나, 불공정하거나 부도덕한 일이 있으면 반드시 다투었다. 미실이 비보를 위로하기 위하여 그가 추천한 자를 많이 뽑았으니, 보리·서현·용춘 등이었다.

비보의 아들 세호는 오랫동안 화랑으로 있었으나 뽑히지 않았다. 비보가 사람들에게 말했다.

"선(仙)의 길은 우리 집안의 물건이 아니다. 단지 공을 세워 백 세에 이르는 것이 옳으며, 아비로서 자리의 이름을 더럽히는 것은 옳지 않다."

비보는 끝내 세호를 중요한 자리에 오르지 않게 했다. 사람들이 그를 어렵게 여겼다.

603년(건복 20년) 8월에 고구려가 침범해 왔다. 진평대왕이 친히 군사를 끌고나가 정벌했는데, 낭도들이 많이 따랐다. 비보와 세호 부자가 선봉이 되기를 청하여, 한수(漢水)에서 맞아 싸워 크게 이겼다. 대왕이 비보에게 보답하려 하니, 그가 말했다.

"신은 어리석고 겁이 많아 한 일이 없습니다. 모두 대왕의 힘으로 이룬 것입니다."

대왕은 이에 세호를 발탁하여, 아찬의 벼슬에 나아가 대당(大幢)을 관장하게 했다. 비보가 말했다.

"오늘에야 비로소 내 아들이 되었다. 또한 너의 어머니에게도 부끄럽지 않다."

한편 세진은 늘 남편 비보에게 검을 배워 세호를 가르치며 이렇게 말했다.

"처는 지아비의 일을 알지 않으면 안 되고, 아들은 아버지의 업을 이루지 않으면 안 된다고 말해오는 까닭이 있다."

비보는 죽을 때까지 검도(劍道)를 버리지 않았다. 문하를 나온 무리가 많이 출세하여 사방에 나가 다스렸으나, 비보는 늘 경계하여 정치를 삼갔다. 비보가 죽으니 모인 자가 1만 명을 헤아렸다. 『화랑세기』는 비보를 칭찬하여 이렇게 썼다.

"자리가 상선에 이르렀고, 검도로 크게 떨쳤다. 무사의 기개
가 일어나니, 백세의 스승이다."

10세 미생

10세 풍월주 미생(美生)은 2세 풍월주 미진부의 아들이자 진흥대왕이 크게 총애했던 미실의 동생이다. 12살 어린 나이에 일찌감치 사다함의 낭도가 되었으나 36살에야 풍월주 자리에 올랐다. 대왕의 사랑을 듬뿍 받은 아름다운 누나 덕분에 미생도 총애를 받았다. 대왕이 여러 번 불러 궁에 들어가 동륜태자, 금륜왕자 등과 함께 토함에게 배웠다. 미생은 얼굴이 아름답고 애교가 많아 태자와 왕자 또한 총애했다. 만덕에게 춤을 배워 춤도 잘 추었다.[47]

사도황후가 여러 공주들에게 미생을 따라 배우게 하니, 공주들이 사사로운 관계를 많이 가졌다. 진흥대왕이 추궁하려 하니 황후가

---

47 만덕은 가야국 출신의 음악과 가야금의 대가인 우륵의 제자이다. 진흥대왕이 우륵에게 계고 · 법지 · 만덕을 가르치게 했는데, 우륵은 그들의 재능에 따라 계고에게는 가야금을 가르치고, 법지에게는 노래를, 그리고 만덕에게는 춤을 가르쳤다.

말했다.

"이는 우리 집의 풍류나비입니다. 어찌 물으려 하십니까?"

대왕은 미실에게 빠져 있었으므로 크게 따져 묻지 않았고, 그래서 다른 사람도 감히 말하지 않았다.

미실이 미생에게 명하여 사다함의 낭도가 되었다. 그때 미생의 나이 12살이었는데 말에 올라타지 못했다. 미진부가 쫓아내려 하자 미실이 반대했다.

"어찌 내 아우를 한 번에 내칩니까?"

사다함도 어쩔 수 없이 받아들였다. 문노가 이를 꾸짖었다.

"낭도가 되려는 자가 힘으로 말에 오르지도 못하고 검을 쓰지도 못한다면 하루아침에 일을 당할 때 어디에 쓸 것인가?"

사다함이 절하여 미생을 두둔했다.

"미생은 내가 사랑하는 사람의 아우입니다. 얼굴이 아름답고 게다가 춤을 잘 추어 여러 사람을 위로할 수 있으니, 그것으로 가하지 않겠습니까?"

문노는 더 이상 따지지 않았으나 미생은 검도를 좋아하지 않고 내심 문노를 꺼려 예의를 지키지 않았다. 사다함은 난처했으나 방도가 없었다.

한편 6세 풍월주가 된 세종은 처남인 미생을 전방화랑으로 삼아 미실을 기쁘게 해주려 했으나 문노가 반대하여 무산되었다. 그러자 미실이 낭도들에게 뇌물을 써서 미생의 지위를 일으키니, 이(利)를 좋아하는 자들이 많이 돌아왔다. 그런데 얼마 지나지 않아 미실이 설원을 총애하여 미생에게 그를 섬기게 했다. 그래서 미생은 부

제가 되지 못했다.[48]

36살에야 비로소 10세 풍월주가 된 미생은 웃으며 말했다.

"사다함공이 16살에 풍월주가 되자 천하가 명예롭게 여겼습니다. 내가 13살에 전방화랑이 되자 천하가 더욱 명예롭게 여겨 16살 이전에 반드시 풍월주가 된다고 했습니다. 어찌 36살에 된다고 할 수 있었겠습니까?"

미실이 말했다.

"내가 총애를 받는 때에도 네가 이와 같은데, 나에 대한 총애가 식는다면 누가 내 아들 하종을 위한 계책을 세우겠느냐?"

이에 미생이 조카 하종을 부제로 삼았다.

그때 낭도들 사이에는 여전히 쟁론이 있었다. 하나는 귀천을 가리지 않고 내외에서 인재를 뽑아 씀으로써 국력을 강하게 하려는 자들로, 통합원류(統合元流)라 불렀다. 임종·대세·수일 등이 중심으로, 문노파 가운데 최정예였다. 두 번째는 대원신통을 받들려고 하는 미실 일파로 하종·구륜 등이 중심이었다. 세 번째는 진골정통을 받들려는 자들로 지소태후의 뜻을 좇는 문노 일파였는데 가장 권력이 있고 옛 규정을 지키는 자들이다. 보리·숙리부 등이 중심이었다.

그러나 문노 또한 세종에게 충성했기 때문에 그 아들 하종과도 감히 다투지는 않았다. 통합파는 하종이 재주가 없다고 하고 미생

---

48   6세 풍월주 세종 때 부제는 설원이었다. 미실은 세종의 부인이었고 사사로운 남편 설원이 부제였기 때문에 미실의 동생 미생은 부제가 되지 못했다. 설원이 7세 풍월주가 되었을 때야 미생이 부제가 되었다.

에게도 복종하지 않았으나, 미생은 이를 진압하지 못했다. 또 다른 파가 있어 정숙태자를 풍월주로 세우고 원광을 부제로 삼으려 했는데, 이는 문노 정파(正派)와 통합파 중에서 혼성된 자들로 이화류(二花流)라 했다. 또 다른 파는 천주를 풍월주로 세우고 서현을 부제로 삼으려 했는데, 이들은 통합파 중 가야파였다.

미생은 3년 동안 풍월주 자리에 있었으나 의논이 일치하지 않아 상선들이 심히 우려했다. 이에 하종에게 자리를 물려주고 물러나 몸과 마음을 닦는 데 몰두했다.

미생은 부귀하게 나고 자라 아랫사람의 마음을 헤아릴 줄 몰랐다. 성품 또한 색을 좋아하고 재물을 탐하여 대중이 믿고 따르지 않았다. 그러나 오랫동안 선문(仙門)에 있었기에 문하에 낭도들이 많이 배출되어 감히 배반하지 못했다.

미생은 처첩이 많았고 아들이 100명이나 되어 일일이 기억조차 할 수 없을 지경이었다. 김대문이 『화랑세기』를 쓸 때 자료로 삼았다는 『미생기(美生記)』에는 "공의 용모가 수려하고 말에 운치가 있었다."고 했다. 남도(南桃)에 갈 때마다 유화로서 목숨을 바치기를 원하는 자가 천·백을 헤아렸다. 미생이 한 번 눈길을 주면 따르지 않는 여자가 없어, 당시 사람들이 '천간성(天奸星 : 하늘의 간사한 별)'이라고 했다. 평소에 머물 때 시중드는 첩 수십 명이 눈썹을 그리고 아름답게 화장을 했으니, 그 향락이 제왕보다 더했다. 진(陳)나라 사신이 와서는 진나라에도 아직 이와 같은 재상이 없다고 했다.

미생은 어머니와 누나에게는 효를 다했다. 미생의 어머니는 묘도궁주인데 사도황후(묘도궁주의 동생)와 함께 옥진궁주의 딸이다.

묘도는 얼굴이 근엄하고 마음이 부처와 같아서, 미생을 비롯한 자식들에게 주의를 주어 큰 잘못에 이르지 않게 했다. 어느 날 묘도는 아들 미생에게 이렇게 말했다.

"우리 집은 대대로 색을 바치는 신하[49]로 총애와 사랑이 지극했다. 아직까지 네가 누리는 부귀와 같은 것은 없었다. 너는 아직도 부러울 것이 있느냐?"

미생이 말했다.

"내가 이모(사도황후를 말함)에 대해서는 화문[50]보다 못하고, 누나(미실을 말함)에 대해서는 설원보다 못하며, 낭도에 대해서는 문노보다 못하니, 어찌 부러운 것이 없겠습니까?"

이 말에 묘도가 웃으면서 말했다.

"이 세 사람도 너에게 부러운 것이 있단다."

묘도의 이 말은 부유함에 부인과 자녀가 많은 것을 말함으로써, 풍자하여 아들을 훈계하는 뜻을 내비친 것이다.

묘도부인에 대해서는 이런 일화도 전한다. 미생의 하인이 미생의 옥으로 만든 잔을 훔쳤다. 미생이 하인을 벌하려는 순간 하인이 담장을 넘어 도망을 치다 발을 다쳐 피가 흘렀다. 어머니 묘도가 이

---

49 『화랑세기』에 '색공지신(色供之臣)'이라 되어 있는데, 묘도와 사도 자매가 대왕에게 색을 제공하는 것이 집안의 전통임을 보여준다. 오늘날 관점에서 먼 옛날 왕조시대의 풍속을 이해하기 어려운 면도 있지만, 당시 사람들의 관념은 지금과 달랐다는 점을 충분히 유념할 필요가 있다.

50 화문이 사도황후와 어떤 관계인지 단정하기는 어려우나 가장 가까운 중요한 인물임은 확실하므로 남편이었을 가능성이 많다. 『삼국사기』「직관」 중 〈내성(內省)〉조에 진평대왕 7년(585)에 3궁에 사신(私臣) 1명씩을 두었는데 대궁에는 대아찬(5등급) 화문을 사신으로 삼았다고 했는데, 여기의 화문이 같은 사람으로 보인다.

를 보고 아들을 꾸짖었다.

"노비는 수족이고 그릇은 가지고 노는 것이다. 어찌 물건 때문에 사람을 상하게 하느냐? 외가 친척은 사람들이 꺼리는 바인데, 너는 어미와 누나가 왕의 총애를 받는 덕에 사방의 부를 가졌으면서도 사람들에게 겸손하고 무리를 사랑할 줄 모르니, 이 어미가 매우 부끄럽다."

어머니에게 꾸지람을 들은 미생은 마루에서 내려가 하인을 풀어주고 친히 보살펴 친절하게 병을 치료해주었다. 그 후 도둑이 있어도 모두 문제 삼지 않고 말했다.

"내가 다리를 다치게 할까 걱정이다."

도둑질은 이내 저절로 그쳤다.

미생은 일찍이 동륜태자와 함께 여색을 탐하여 돌아다녔다. 그때 어떤 사람이 미생에게 나마 당두의 처가 아름답다고 알려주었다. 미생은 태자와 함께 밤에 그 집을 찾아가 불러 관계를 가졌다. 동륜태자가 개에 물려 죽고 나서 미생은 그녀를 첩으로 삼으려고 저택에 불러들였다. 당두는 이에 미실에게 호소했다.

"어린 아들이 있는데 아침저녁으로 어미를 찾습니다. 색만 바치는 첩이 되게 해주십시오."

미실이 이에 미생을 꾸짖었다.

"태자의 사건이 있은 뒤 나 또한 스스로 두려운데, 어찌 다른 계집이 없어서 남의 처를 빼앗느냐?"

이에 미생은 여자를 당두에게 돌려보냈으나 여자는 미생을 잊지 못해 스스로 도망쳐 돌아왔다. 미생이 좋은 말로 위로하여 돌려보냈다. 당두가 다시 호소할까 두려워 미생은 여러 번 당두를 조주(祖主)[51]에 추천하여 발탁했다. 당두는 그 은혜에 감사하여 아내를 바치려 했다. 미생이 말했다.

"누나의 명이라 감히 그럴 수 없다."

당두가 나가 사람들에게 말했다.

"사람들은 미생공이 색을 밝힌다고 하지만, 나는 공이 효도하고 우애가 있다고 말하겠다."

이에 미생의 신하가 되기를 원했다. 미생이 조부(調府)[52]로 옮기게 되자 당두에게 장부를 담당하게 하여 정치를 크게 일으켰다. 진평대왕이 이에 기뻐하여 술을 내렸다. 미생이 말했다.

"신의 능력이 아니라 당두의 공입니다."

대왕은 이에 당두에게 특별히 대나마를 주고 조부의 우경(右卿)[53]으로 삼았다.

당두의 처는 미생의 세 아들을 낳았다. 미생은 모두 거두지 않고 당두의 아들로 할 것을 명했다. 당두 또한 아들로 삼을 수 없었다. 그때 사람들이 아름답게 여겼다. 미생이 오랫동안 조부에 있으며 일을 잘 처리한 것은 당두의 힘이었다. 누만금의 재산을 모은 것

---

51 『삼국사기』「직관」 상에 따르면 조주 또는 품주(稟主)는 집사성(執事省)의 원래 이름이다.

52 『삼국사기』「직관」 상에 따르면, 조부는 진평대왕 6년(584)에 설치했고 진덕여왕 5년(651)에 영(令) 2인을 두었다.

53 『삼국사기』「직관」 상에 따르면, 조부의 영 아래 경(卿) 2명을 두었다고 했는데, 여기서는 우경이라 했으므로 다른 1명은 좌경이었을 것이다. 우경은 장관급인 영 아래의 차관급으로 생각되는데, 이런 높은 관직을 당두에게 주기 위하여 특별히 대나마(10등급)로 삼은 것이다. 아마 당시 미생이 조부의 영이었기에 가능했을 것이다.

또한 당두의 힘이었다.

미생은 어느 날 집에서 당두와 바둑을 두었다. 당두는 바둑을 잘 두었다. 문득 술을 마셔 조금 취하자, 미생은 흡족하여 말했다.

"내가 너와 더불어 출세하여 집안의 재산은 쓰기에 족하다. 내가 너의 처와 더불어 천하와 국가를 위하여 인물을 번성하게 하겠다."

대개 당두의 처가 아들을 잘 낳는 것을 말한 것이다. 당두는 이에 틈을 타 물러나, 그 처로 하여금 미생에게 교태를 부려 사랑을 받게 했다. 그의 처남 만세 또한 미생으로 인해 발탁되었다. 미생은 일찍이 사람들에게 말했다.

"당두는 나의 자방(子房)[54]이고, 만세는 나의 진평(陳平)[55]이다."

만세의 처제 또한 미생의 첩이 되어 총애를 받았고, 노래를 잘 했다. 미생의 아들 백생과 정을 통하므로 미생이 백생에게 주려고 하자, 만세가 그것은 도리가 아니라고 간했다. 미생이 말했다.

"그녀와 내 아들은 나이가 서로 같아 다시 해로할 수 있으니 나에게는 큰 기쁨이다."

미생은 마침내 아들에게 주었다.

미생은 아들이 많았으며, 아들을 사랑하는 정도 다른 사람의 배나 되었다. 아들들이 잘못을 저질러도 나무라지 않고, 그들 자신에게 맡기곤 했다. 명절 때는 언제나 여러 아들을 데리고 대당(大堂)으

---

54 중국 한나라 고조 유방의 참모 장량(張良)의 자(字 : 어릴 적 이름)이다.
55 중국 한나라 고조 유방의 참모로, 여태후가 죽은 뒤 주발과 함께 여씨 일족의 반란을 진압했다.

로 어머니 묘도부인을 뵈러 갔는데, 어머니가 아이들의 어미를 다 구별할 수 없었다. 미생을 닮지 않은 아이가 있으면 이렇게 물었다.

"그 아이가 너와 어떻게 닮았느냐?"

미생은 번번이 닮은 것을 대답하며 아이를 감싸려고 애를 썼다. 그러므로 여러 아들이 모두 미생을 사모하여 따랐다. 미생은 조부에 출근할 때면 언제나 몇몇 아이들을 데리고 갔고, 아이들과 종일 놀다가 돌아왔다. 사람들이 그를 가리켜 '호아령(護兒令 : 아이 보호 대신)'이라 불렀다.

미생은 한편으로 관청에서 한 사람의 부하도 책망하지 않았다. 그러므로 관리들 또한 그를 좋은 재상이라고 생각했다. 609년(건복 26년)에 예순 살의 나이로 세상을 떠났다.

『화랑세기』에는 미생을 이렇게 평했다.

"아들이 100명이고 낭도는 1만 명이다. 풍족하고 부귀한 꽃
과 버들의 일생이었다."

11세 하종

11세 풍월주 하종(夏宗)은 564년에 세종전군과 미실궁주 사이에서 태어났다. 어머니 미실이 당대 최고의 미인으로 대왕들의 총애를 받고 권력의 중심에 있었으므로, 미실의 출생으로 거슬러 올라가 내력을 보기로 하자.

법흥대왕 때의 어느 날 대왕이 총신 영실과 안뜰에서 제기차기를 하고 있는데 옥진궁주가 졸린 눈으로 헝클어진 머리를 하고 와서 대왕의 손을 끌며 말했다.

"좋은 꿈을 꾸었으니 반드시 귀한 아들을 낳을 것입니다. 함께하시는 것이 좋겠습니다."

대왕이 무슨 꿈인가 물으니 옥진이 말했다.

"칠색조가 가슴속으로 들어왔습니다."

대왕이 웃으며 말했다.

"칠색은 섞인 것이고 새는 여자다. 빈첩(嬪妾)을 낳을 조짐이니 네 지아비와 더불어 하라."

옥진이 기뻐하지 않으니 대왕이 말했다.

"네 지아비와 나는 한 몸이다. 아들을 낳으면 태자로 삼고, 딸을 낳으면 빈으로 삼을 것이다."

그러자 옥진이 비로소 기뻐하며 영실과 장막 안으로 들어가 사랑을 나누었다. 달이 차서 딸을 낳으니, 옥진은 대왕이 신묘하다고 여겨 묘도(妙道)라고 이름 지었다. 묘도가 자라자 법흥대왕이 약속한 대로 사랑을 했다. 그런데 묘도의 성기가 작고 좁아 맞지 않았고 또 대왕의 양기가 너무 강했기 때문에, 묘도는 저녁이 되면 문득 괴로워했다. 대왕이 자주 사랑하지 않았다.

그때 미진부(2세 풍월주)는 어머니 삼엽공주와 늘 궁중에서 대왕을 곁에서 모시므로, 묘도와 전각을 사이에 두고 머물렀다. 우연히 미진부를 본 묘도는 첫눈에 반했다. 어느 날 묘도는 복도를 지나가는 미진부를 방으로 끌어들여 몰래 정을 통했다. 묘도와 미진부는 사랑이 깊어져, 죽어 한 구덩이에 묻히기로 맹세했을 정도였다. 때마침 법흥대왕이 세상을 떠나자 지소태후가 아시와 가까이 하려고 하여 묘도와 미진부의 혼인을 허락했으나 오랫동안 아들을 낳지 못했다.

하루는 옥진궁주가 꿈에 칠색조가 가슴속으로부터 묘도에게로 날아 들어가는 것을 보고, 놀라 일어나 이상하게 여겨 묘도의 침실에 가서 엿보았다. 그때 묘도와 미진부는 사랑을 나누는 중이었다. 옥진궁주는 기뻐하며 이렇게 말했다.

"너희 부부는 이제 귀한 딸을 낳을 것이다."

이렇게 태어난 아이가 미실이었다. 미실은 용모와 자태가 절묘하여 풍후(豊厚)함은 할머니 옥진을 닮았고, 환하게 밝음은 아버지 미진부의 할머니인 벽화를 닮았으며, 빼어난 아름다움은 외할머니 오도를 닮아 100가지 꽃의 신묘함을 뭉쳤고, 세 여인의 아름다움의 정수를 모았다고 할 수 있었다. 옥진은 "이 아이는 우리의 도를 일으킬 만하다."고 말하며, 언제나 곁에 두고 교태를 짓는 방법 및 노래와 춤 등을 골고루 가르쳤다.

태후의 명으로 미실이 세종의 궁으로 들어가려 할 때 옥진이 근심하여 말했다.

"내가 너를 가르친 것은 장차 너의 이모의 잉첩[56]이 되게 하려는 것이지, 어찌 전군을 섬기라고 한 것이겠느냐?"

미실이 말했다.

"빈첩의 도는 색을 바치는 것인데 어찌 대왕을 받들지 못하겠습니까?"

옥진은 크게 기뻐하며 미실의 등을 어루만지며 말했다.

"이 아이는 족히 도를 말하니 나는 근심이 없다."

궁중에 들어간 미실은 태후의 아들 세종전군을 교태로 섬겼고, 전군은 미실에게 완전히 매혹되었다. 이런 모습을 본 태후는 전군이 감당하지 못할까 염려하여 미실에게 궁을 나가 집에 머물도록 명했다. 미실은 개의치 않고 사다함과 사사로이 정을 통하고 부부

---

56   곁에서 시중드는 하녀를 말하는데 여기서는 사도황후를 도와 왕을 모시는 것을 의미한다.

가 되기로 약속했다. 태후는 전군에게 다시 융명을 아내로 맞으라고 명했으나 미실을 사모한 전군은 몸져눕고 말았다.

태후는 어쩔 수 없이 미실을 다시 불러들였다. 마침내 미실은 세종전군의 아들 하종을 낳았고, 전군은 미실을 애지중지하여 다시는 융명을 사랑하지 않았다. 화가 난 융명은 궁궐 밖으로 나가버렸다. 하종이 태어난 지 얼마 지나지 않아 미실은 사도황후의 명으로 동륜태자에게 색을 바쳐 아이를 갖게 되었다.

그러나 미실은 진흥대왕을 사모하여 애태우므로 그 모습이 더욱더 애처로웠다. 대왕이 사도황후에게 말했다.

"그대의 조카(미실을 말함)는 하늘 아래 없는 미색인데, 어찌 그대의 잉첩이 되지 않고 다른 데로 갔는가?"

이에 황후는 진흥대왕에게 미실을 3대를 모시는 자리에 추천했다. 대왕이 미실을 한 번 사랑하고 다시 사랑하고는, 곁을 떠나지 못하게 했다. 이에 전군에게 명해 융명을 다시 받아들이라 하고, 미실에게는 전주(殿主)[57]의 이름을 내렸다. 황후 또한 미실을 지극히 총애하여 대왕이 출입할 때면 반드시 동행하게 했다.

미실은 문장을 잘 지었기 때문에 대왕이 조정에 나가 업무를 볼 때 늘 옆에서 모셨다. 문서를 보고 결정에 참여하여 옳고그름을 가려 조언했다. 상황이 이렇게 되니 조정과 바깥의 권세가 옥진궁으로 돌아갔다.

한편 미실이 태자의 딸을 낳았으나, 대왕은 자기 딸인 줄 알고

---

57   전주나 궁주는 궁전의 주인으로 같은 뜻이다. 왕자가 주인인 경우에는 전군이라 했다.

애송공주로 봉했다. 이때 애송의 의붓오라비인 하종은 겨우 3살이었는데, 사지(舍知 : 관직 13등급) 벼슬을 받았다. 그리하여 궁에 들어갈 수 있게 되어 애송의 벗이 되었다. 하종은 나이는 어렸지만 우애가 도타워서 공주가 울면 따라 울었다. 그래서 대왕의 총애를 받았다. 다시 반야가 태어나자 하종은 대사(大舍 : 관직 12등급)로 올랐고, 난야가 태어나자 나마(奈麻 : 관직 11등급)로 올랐으며, 수종전군이 태어나자 대나마(大奈麻 : 관직 10등급)로 올랐다. 이에 앞서 대왕은 공주들에게 하종을 오라비라 부르게 했으나, 하종은 지위가 낮다며 감히 오라비를 자청하지는 않았다.

수종이 태어났을 때 진흥대왕이 크게 기뻐, 수종을 전군으로 봉하여 미실을 기쁘게 해주려 했다. 미실은 속으로는 무척 기뻤으나 겉으로는 겸손했다. 그때 내질(內秩)[58]을 맡고 있던 삼호가 이렇게 따졌다.

"사사로운 아들이 전군이 되는 것도 분수에 넘치는데, 하물며 그의 아들이겠습니까?"

그 말이 옳다고 여긴 대왕은 명을 거두었고, 화가 난 미실은 삼호를 불러 꾸짖었다.

"아재비는 나 때문에 내질을 맡고 있는데 내 아이를 방해하는 것은 무엇 때문입니까?"

삼호가 웃으며 말했다.

---

[58] 내질이 무슨 관직인지 명확하지 않으나 그 뜻을 궁 안의 질서를 맡은 것으로 보면, 『삼국사기』 「직관」 중에 등장하는 내성 책임자 사신이 아닐까 한다.

"얻을 수 없는 것을 얻는 것은 상서롭지 않습니다. 급히 차면 기울고 천천히 이루면 완전합니다. 비록 전군이 아니라도 또한 부마가 될 수 있습니다. 하필 제도를 넘어 대중의 심정을 거스른 후에야 족하겠습니까?"

하지만 미실의 노여움이 풀리지 않으므로 삼호는 내질을 물러났다. 미실은 이에 영실의 아들 노동에게 내질을 맡겼다.

대왕은 하종이 전군이 되길 바라는 미실의 마음을 알아차리고, 하종을 자신의 의붓아들로 삼아 전군의 지위를 주어 미실의 마음을 달랬다. 미실은 이에 기뻐하며 수종 탄생 77일에 하종을 전군으로 봉하는 예를 행했다. 대왕과 미실전주, 수종과 하종이 함께 수레를 타고 신궁에 가서 예를 행했다. 미실은 기쁜 나머지 대왕의 품에 엎드러지며 말했다.

"하루에 두 전군의 어미가 되었습니다."

대왕이 미실의 어깨를 어루만지며 말했다.

"짐과 더불어 한 몸인데 어찌 특별히 두 전군뿐이겠는가? 다른 왕자들도 모두 너의 아들이 될 수 있다."

이날 밤 대왕은 잔치를 벌여 친히 축하하고, 동륜태자 이하 왕자와 전군에게 명했다.

"모두 전주에게 절을 하고 어머니라 부르라."

하지만 동륜태자는 미실과 사사로이 정을 통한 바 있으므로 억지로 절을 했다. 그러자 미실이 일어나 멈추게 하며 말했다.

"태자는 다른 전군과 같지 않은데 어찌 이와 같이 합니까?"

이에 대왕이 태자는 절을 한 번만 하도록 허락했다. 다른 왕자들은 네 번 절하고 일어났다. 대왕이 몹시 기뻐하며 취하고 미실도 취하여 서로 이끌고 장막 안으로 들어갔다.

그때 동륜태자는 보명궁주도 사모했으나 보명은 마음을 허락지 않았다. 그러자 태자는 장사 몇몇을 거느리고 보명궁의 담장을 넘어 들어갔다. 보명은 자신이 미실과 총애를 다툴 수 없음을 스스로 잘 알고 있었으므로 태자를 힘껏 거부하지 않고 짐짓 농락했다. 그날 이후 태자는 밤마다 담장을 넘어 들어왔다. 그러다가 이레째 밤에 태자 홀로 들어가다 사나운 개에게 물렸다. 보명이 태자를 안고 궁궐로 달려왔으나 새벽에 태자는 죽고 말았다.

진흥대왕이 태자의 종자들을 조사해보니 미실과 미생의 낭도가 많았는데 그들의 입에서 미실의 추행이 많이 나왔다. 비로소 대왕이 의심을 품고 큰 옥사(獄事)를 일으키려 하자, 자신에게 화가 미칠까 두려워한 미실은 목 놓아 울며 궁을 나갔다. 하종도 전군 자리에서 물러났다.

사도황후가 대왕에게 간하여 말했다.

"3주(柱)의 맹세가 있습니다. 어찌 천한 무리들의 어지러운 말 때문에 총애하는 첩의 은혜를 끊고, 죽은 아들(동륜태자를 말함)의 혼령을 아프게 하려 합니까?"

진흥대왕이 이에 불문에 부치라고 명했다. 그리고 다시 미실을 생각하고 친히 거둥했다. 미실이 눈물을 흘려 울며 대왕을 붙들고 사죄하니, 또한 받아들였다.

그때 세종이 지방으로부터 소환되었다. 대왕은 미실을 다시 전주로 삼고 싶었으나, 세종에게 믿음을 잃을까 염려하여 포기했다. 미

실 또한 세종의 지성에 감격하고 하종 부자와 단란한 즐거움을 가지려고 해궁(海宮)에 피하여 살았다.[59]

하종은 부모를 지극한 효도로 섬겼다. 세종은 이에 미실과 더불어 하종의 장수(長壽)를 해신(海神)에게 빌었다. 그때 수종전군이 어렸기에 해궁에 따라가 있었다. 대왕이 수종을 본다는 핑계로 여러 번 불렀으나, 미실은 글을 올려 자기의 죄를 늘어놓아 거절했다. 이에 대왕이 친히 해궁에 거둥하여 미실과 서로 보고 감격의 눈물을 흘렸다. 미실이 감동하여 다시 마음이 움직여 마침내 대왕과 더불어 궁으로 돌아왔다. 세종을 병부 우령(右令)[60]으로 삼아 위로했다.

하종이 입궁하여 공주와 전군의 벗이 되었다. 그때 미실은 세종의 아들을 임신한 지 여러 달 되었으므로, 해산을 하고 입궁하기를 청했으나 대왕이 허락하지 않았다. 곧 입궁하여 옥종을 낳아 대왕의 마복자로 삼았다. 이에 미실에 대한 총애가 다시 예전과 같아졌다. 미실은 심복들을 모두 다시 끌어 중요한 자리를 주었는데, 대왕

---

59 이 해궁이 있었다고 추정되는 지명에 임해(臨海)가 있다. 『삼국사기』〈소지마립간 15년(493)〉조에 "임해와 장령에 진(鎭)을 설치하고 왜적을 방비하였다."고 했는데, 이로 보아 임해가 도성에서 멀지 않은 바닷가임을 짐작할 수 있다. 그런데 40대 애장왕 5년(804)에 임해전(臨海殿)을 수리한 기록 이후 49대 헌강왕 7년(881)에 임해전에서 신하들에게 잔치를 베푼 기록까지 임해전이 5회 기록에 보인다. 아마도 임해에 자그만 해궁이 있던 것을 후일 크게 고쳐 잔치 등을 베푸는 궁으로 사용한 것이 아닌가 생각한다. 오늘날 중국 저장성(절강성)의 동해에 임해가 있는데 그곳이 신라의 임해가 아니었을까 추정된다. 신라는 경상도에 있었다고 학계에서 말하지만, 실제로 오늘날 중국의 동해 쪽에 있었던 것으로 보이는 기록들이 『삼국사기』에 많이 나온다. 뒤에 〈유신〉 및 〈춘추〉조 등에서도 보게 될 것이다.

60 『삼국사기』「직관」 상 〈병부〉조를 보면, 병부령은 법흥대왕 3년(516)에 둔 이후 진흥대왕 5년(544)에 2인으로, 태종대왕 6년(659)에는 3인을 두었다. 이때는 2인이 있어 병부좌령과 병부우령으로 부른 것을 알 수 있다.

이 모두 허락했다. 또 세종에게 명하여 궁에 들어와 살게 했다.

이후 미실은 사도황후와 함께 내정을 마음대로 하고, 세종·설원·미생은 외정을 맡았다. 대왕은 풍병으로 내외의 일을 보지 못하고 사도·미실·보명·옥리·월화의 다섯 궁주와 더불어 즐거움에만 빠졌다. 정치는 사도와 미실이 좌지우지했다. 예전에 사도황후와 미실은 과거·현재·미래의 3생에 일체가 되기로 약속했다. 진흥대왕이 몸이 불편해지자 미실은 세종에게 권하여 사도황후의 사랑을 받게 했다. 세종은 한껏 거절했으나 어쩔 수 없이 황후와 정을 통했다.

진흥대왕이 세상을 떠나자 사도·미실·세종·미생 네 사람은 이를 비밀에 부치니 금륜태자는 그 사실을 알지 못했다. 사도가 먼저 미실을 시켜 금륜태자와 정을 통하게 하고, 다른 정을 갖지 않기로 약속하고 태자를 즉위시켰다. 그러나 사도황후가 몸소 대왕의 자리에 있으며 새 왕을 제압하고, 말보의 남편 거칠부를 상대등으로 삼아 백성들의 원성을 억눌렀다.

그때 거칠부의 딸 윤궁이 미실의 심복이 되었고 윤궁의 여동생 윤옥은 미생의 둘째 부인이었으며, 윤궁의 남동생 윤황은 사도황후의 딸 월륜공주를 아내로 맞았기 때문에 거칠부를 민 것이다. 거칠부는 연로하여 모든 것을 대등(大等 : 상대등 바로 아래) 노리부와 노동 등에게 맡겼다. 그래서 미실은 권세를 잃지 않았고, 하종에게 급찬 자리를 주었다.

하종은 15살에 화랑에 들어가 토함에게 역사를, 이화에게 노래를, 문노에게 검술을, 미생에게는 춤을 배웠다. 진흥대왕의 총애를 받았던 것을 잊지 않고 매번 생일과 기일(忌日)에는 낭도들을 거느리고 무덤을 찾아가 눈물을 흘렸으며, 바람이 불거나 비가 내려도 그만두지 않았다. 하종의 이런 충효의 행실을 들은 사람들은 하종을 기특하게 여겼다. 하종은 어려서부터 사람을 잘 골랐으며 정에 치우치지 않아 사람들의 믿음과 기대를 한 몸에 받았다.

하종은 어머니가 미실궁주였으므로 그 또한 대원신통이었다. 문노파가 복종하지 않으므로 미실은 화합을 위해 이화의 아들 보리를 부제로 삼았다. 보리의 어머니는 숙명공주였으므로 그도 진골정통이었다. 진골(眞骨)은 지소태후를 근본으로 삼았고, 대원(大元)은 사도황후를 근본으로 삼았다. 진골의 조상은 옥모로부터 나왔고 대원의 조상은 보미로부터 나왔다.

하지만 진골과 대원이 서로 뒤섞여 풍월주가 되는 사람이 당시 상황에 따라 나왔다. 원하는 바가 충족되지 않으면 비록 화합하더라도 내부에서 어긋나 붕당(朋黨)이 더욱 심했다. 하종은 젊었으나 이를 깊이 경계했다. 고루 사랑하는 데 힘을 다하여 잠시 조금 나아지기는 했지만, 풍월주인 형과 부제인 아우가 다른 파인 까닭에 불화가 점차 표면화되었고, 이에 하종은 보리를 내치려고 했다. 보리는 평소 하종에게 잘했기에 내치고 싶지는 않았지만 하종이 거느리고 있는 낭도들이 압박을 가했기 때문이었다. 보리가 울면서 하종의 인정에 호소했다.

결단을 내리지 못한 하종은 이화를 찾아가 가르침을 청했다. 이화는 이렇게 말했다.

"선도는 본래 우주의 맑은 근원의 기운에서 나왔다. 시비로서 서로 다투는 것을 말하는 것이 아니다. 나의 형 모랑이 오직 그 전부를 얻었는데 불행하게 일찍 죽었다. 나는 못나서 그 도를 다 듣지 못했다. 너희들은 모두 권세와 지위로써 자리를 이었기에 아랫사람을 다스릴 수 없다. 나는 속으로 그것을 부끄러워한다. 자리를 버리고 도를 구하여 참된 생이 되도록 하는 것만한 것이 없다."

하종은 이화의 가르침을 따르고자 자리를 버리고 도에 전념하려 했다. 낭도들은 이화 자신이 풍월주가 되려고 하종을 혼란시켰다고 생각했다. 미실이 이 사태를 우려하자 사도태후가 명을 내려 낭도대회를 열고 이화와 세종이 연회를 베풀어 낭도들을 화합시키게 하며, 복종하지 않는 자를 많이 등용하여 진정시켰다. 이로써 가야파가 점차 다시 세력을 갖게 되어 서현을 전방화랑으로 삼았는데, 그 또한 대원신통이었다. 이것은 이화·미실·가야의 3파가 힘을 합친 것이었다.

그때 궁중에는 세 태후가 있어 정치를 행했으며, 진평대왕은 어질고 효성스러워 그들을 받들어 따랐다. 그러므로 승진하고 싶은 낭도들이 태후궁 쪽에 많이 붙었다. 태상태후 사도법주(法主)는 미실궁주를 법운(法雲)[61]으로 삼았다. 그러므로 정치적 명령이 미실궁에서 많이 나왔다. 그리고 법주의 딸 아양공주가 곧 서현의 어머니로 가야파의 태양이 되어, 미실의 세력을 나누었다.

만호태후는 진평대왕의 어머니로 위(태상태후)로부터의 총애가 더욱 많아, 진골정통의 우두머리가 되었다. 지도태후(진지대왕의

---

61   법운은 진흥대왕이 불교에 귀의한 후의 승려로서의 이름이다.

황후)는 태상태후와 만호태후 사이를 오가면서 문노 정파를 도왔다. 그래서 비보가 지도태후의 아들 용춘을 추천하여 보리를 대신하려고 했으나, 만호태후가 듣지 않았다. 용춘은 부제 자리를 얻지 못했으나 낭도들이 많이 돌아왔다. 서현이 말했다.

"용춘은 선군(先君 : 진지대왕)의 아들인데, 내가 어찌 감히 대적하겠는가?"

이에 서현이 낭도들을 사양하여 용춘에게 넘겨주니, 이에 가야파 또한 용춘에게 돌아갔다.

용춘 또한 대원신통이었으므로 미실파가 다투지 않았다. 낭도들이 모두 축하하여 좋은 사람을 얻었다고 말했다. 보리 또한 용춘을 사랑하여 당파를 따로 만들지 않기로 서약했다. 진골과 대원의 논쟁이 비로소 완화되었다. 하종은 어머니 미실에게 효도했으나 형세를 살펴 따랐으므로, 속으로는 그 논의에 찬성하면서도 감히 입 밖에 내어 말하지 않았다.

그때 은륜공주가 진평대왕의 총애를 잃었는데, 태상태후(사도)의 막내딸이었다. 태상이 대원신통을 걱정하여 하종에게 명하여 공주를 받들게 하니 아들 효종을 낳았다. 앞서 하종은 설원의 딸 미모를 아내로 맞아 아들 모종을 낳았다. 효종의 누이는 하희와 월희라 했다. 모종의 누이는 유모와 영모라 불렀다.

하종은 검소하고 색을 삼갔으며, 아랫사람을 사랑하고 윗사람을 공경하니 아버지 세종의 풍모를 크게 가졌다. 그러므로 처음에는 하종에게 복종하지 않다가도 끝내는 돌아왔다.

하종은 3년간 자리에 있다가 보리에게 양보하며 말했다.

"선배 풍월주들이 큰 성인이었음에도 3년 머물렀는데 내가 어찌 감히 오래 머물겠는가?"

보리가 말했다.

"풍월주 형은 곧 미실 원화의 아들이니, 어찌 뭇 화랑들과 같은 예가 되겠습니까?"

그러나 하종의 뜻이 굳었으므로 이에 보리가 자리에 올랐다.

미실은 세 대왕을 섬겼는데 하종의 형제가 근본이 서로 달라 움직임에 어려움이 많았다. 은륜공주 또한 골품을 믿고 방탕했으나 하종은 한결같이 아버지 세종이 어머니 미실을 대하는 것처럼 하여 묻지 않았다. 은륜의 언니 태양공주는 하종과 가까운 곳에 살며 하종을 심하게 유혹했으나 하종은 한 번도 태양의 처소에 발을 들여놓지 않았을 정도로 청렴했다.

12세 보리

12세 풍월주 보리(菩利)는 4세 풍월주 이화와 숙명공주(지소태후의 딸이자, 세종과 어머니가 같은 누나) 사이에 난 둘째아들이다. 숙명공주는 보리를 가졌을 때 꿈에 노란색의 신성한 사슴을 보았는데, 그는 남달리 뛰어나고 큰 뜻을 가졌다. 보리는 자라면서 맏형 원광법사와 함께 배움에 힘썼다. 원광은 일찍이 보리에게 말했다.

"나는 부처가 되고 너는 화랑이 되면 우리 집과 나라를 평안하게 할 수 있을 것이다."

이에 보리는 하종의 낭도가 되었다. 보리는 하종보다 9살이 어렸지만 감정과 생각이 의기투합하여 형제처럼 어울렸다. 보리의 어머니 숙명공주는 효성과 우애가 하늘로부터 타고나, 동생 세종을 어린아이처럼 사랑했고 세종은 공주를 태후처럼 모셨다.

미실이 입궁하고 미실의 남편 세종이 출정하므로 숙명공주는 미실과는 화합하지 않았으나, 세종과 미실 사이에 낳은 아들인 하종은 조카인 까닭에 친아들처럼 사랑했다. 그래서 일찍이 이렇게 말했다.

"내 아버지 이사부 각간은 곧 너의 할아버지이다. 하늘과 땅에 없는 대영웅이다. 너는 마땅히 받들어 신으로 모셔야 한다."

이 말은, 아버지에게 배우고 어머니에게는 배우지 말라는 것을 풍자한 것이다.

하종은 명석하여 그 가르침의 뜻을 알아차렸으나 알아듣지 못한 것처럼 행동했다. 이는 어머니 미실이 아시와 옥진궁을 수호신으로 삼았기 때문이었다. 보리가 처음에 하종에게 속했을 때 신궁에 따라 들어가 법흥대왕과 옥진궁주의 교신상(交神像)에 절을 하는데, 먼저 옥진에게 하고 뒤에 대왕에게 했다. 보리가 안 된다고 말했다.

"우리들이 오늘 귀한 것은 모두 앞의 대왕께서 내려준 것인데, 어찌 나중에 절을 합니까?"

하종이 말했다.

"선대왕께서도 말씀하기를 '억조창생이 나를 신으로 여기는데 나는 옥진을 신으로 여긴다'고 했으며, 영실공 또한 옥진궁에게 먼저 절하고 나서 대왕에게 절했다. 이것이 그 상이다. 미실궁주께서 가르친 것이다"

보리가 부득이 그를 따랐다. 그 다음에 아시에게 절하고 또 이사부에게 절했다.[62] 보리는 또 그 순서에 의심을 가졌으나 따지지 않

---

62 신궁에 문노를 모신 것을 앞에서 보았는데 여기서는 아시와 이사부를 언급하고 있다.

왔다. 그때가 585년(건복 2년)으로 보리의 나이 13살이었다. 하종이 우방대화랑이 되므로 보리는 특별히 우방화랑으로 올랐다. 미생이 부러워하며 말했다.

"너는 나보다 낫다."

보리는 풍월주 형에게 충성을 다하여 곁을 떠나거나 명을 어긴 일이 없었다. 미실 또한 칭찬하여 말했다.

"숙명공주에게 좋은 아들이 있으니 행운이 나보다 많다."

매번 궁중에서 음식을 내릴 때면 보리를 불러 주면서 말했다.

"내 사랑하는 조카야! 너의 하종 형을 잘 도와라."

숙명공주는 이에 오랜 감정이 조금 누그러들었다. 만년에는 공주와 미실이 서로 왕래했으니 보리가 애쓴 덕분이었다.

그때 만호태후와 숙명공주는 힘써 진골정통을 도왔다. 미실이 이를 두려워하여 애함을 보리와 결혼시키려 했다. 만호가 거절하고 자기 딸 만룡을 보리의 정실 부인으로 삼았다. 보리의 나이 겨우 13살이었고 만룡은 7살이었다. 이화는 만룡이 어리기 때문에 꺼렸다. 숙명공주가 말했다.

"사도 또한 7살에 진흥대왕에게 시집갔는데, 오히려 부부의 즐거움이 있었습니다. 무엇 때문에 꺼립니까?"

이화는 다시는 말하지 않았다.

이에 앞서 만호태후는 보리와 아버지가 다른 형 정숙태자[63]를 사

---

63   숙명공주는 진흥대왕과의 사이에서 정숙태자를 낳았고, 이화와의 사이에서 원광과 보리를 낳았으므로, 정숙태자는 보리의 (아버지가 다른) 형[포형(胞兄)]이다.

랑하여 만룡을 낳았다. 태후는 만룡을 보리에게 주려고 했는데, 그 까닭은 미실의 딸 애함을 보리에게 시집보내려 한다는 말을 듣고 대원신통이 진골정통을 빼앗을까 염려한 때문이었다. 이에 만룡을 불러 무릎에 앉히고 물었다.

"사도태후께서는 7살에 시집을 가서 진흥대왕을 잘 모셨는데, 너 또한 그렇게 할 수 있겠느냐?"

만룡이 되물었다.

"지아비가 누굽니까?"

보리라고 대답하자 만룡이 기뻐하며 말했다.

"나의 좋은 오빠입니다. 시집가고 싶습니다."

태후는 이에 친히 신궁에 가서 공주례를 고하고 포(석)사에서 길 례를 행했다.

보리는 늘 태후궁에서 만룡을 업고 놀았다. 그러므로 길례가 끝 나고 만룡이 보리에게 업어줄 것을 청하자 기뻐 허락했다. 태후가 웃으며 말했다.

"지난날 오누이가 지금은 부부가 되었다. 처는 이러면 안 된다."

숙명이 말했다.

"부부이자 오누이입니다. 무슨 잘못이 있겠습니까?"

마침내 보리에게 처를 업고 태후를 뵈러 가도록 명했다. 보리가 만룡을 업고 태후를 뵈러 나아가니, 사람들이 아름답게 여겼다.

보리의 누나 화명은 하종과 더불어 좋아했다. 미실은 이미 보리 를 만룡에게 빼앗겼기에 화명을 하종의 정실 부인으로 삼으려 했 는데, 만호태후가 들어주지 않았다. 이에 미실이 속상해하자 보리가 좋은 말로 달랬다.

"비록 혼인을 하지 않았으나 조카가 숙모를 어머니로 삼으니, 풍월주 형(하종)이 아버지가 다른 형이 됩니다. 이와 같이 세월이 가면 어찌 또 혼인하는 날이 없겠습니까?"

미실이 기뻐하고 마음을 풀며 말했다.

"너는 진정으로 나의 아들이다. 또 무슨 혼인을 하겠느냐?"

보리는 두 계통의 사이에서 이쪽저쪽을 능히 화해시켰다. 미실은 이에 하종에게 권하여 풍월주를 보리에게 전하도록 했다. 보리는 사양했으나 어쩔 수 없이 받으니 591년(건복 8년) 정월이었다. 서현을 부제로 삼았다. 서현은 아양공주의 아들인데 영특하고 활달한 기상이 있어 태상태후가 사랑했다.

그 전에 하종에게 명하여 서현을 전방화랑으로 삼았는데 585년(건복 2년)에 보리와 더불어 우방화랑이 되었다. 588년(건복 5년)에 하종이 풍월주가 되자 보리를 부제로 삼고 서현을 우방대화랑으로 삼아 보리에게 속하도록 했다. 이에 이르러 보리가 서현을 부제로 삼고 용춘을 우방대화랑으로 삼았다.

그때 만룡의 언니 만명은 나이가 들었으나 혼인을 허락받지 못했는데 서현과 사사로이 정을 통했다. 그런데 만호태후는 원래 아양공주와 사이가 좋지 않았으므로, 노하여 이를 허락하지 않고 보리에게 명하여 용춘을 서현에 대신하도록 했다. 서현 또한 그 자리를 사양하여 용춘에게 넘겨주었다. 그러나 만명의 정과 사랑은 더욱 굳어져 서현과 몰래 서로 도망하여 만났다. 만호태후는 이에 만명을 가두고 서현을 만노로 내치려 했다. 만명은 탈출하여 함께 도망했다. 태후는 더욱 노하여 벌을 주려 했다. 보리와 만룡 내외가 애써 태후의 노여움을 풀어 무사하게 되었다.

그때 보리의 누나 화명과 옥명이 모두 진평대왕을 섬겨 사랑을 받았다. 그러므로 조정에서는 보리를 중용하려고 했다. 보리는 나아가지 않고 말했다.

"우리 집은 화랑을 세습하는 것으로 족하다. 무엇 때문에 다시 관리로 등용되겠는가?"

보리가 청렴결백하여 지조를 지켰으나, 만룡은 태후의 사랑하는 딸이었으므로 내리는 재물이 심히 많았다. 그러므로 집안 살림이 몹시 사치스러웠다. 보리가 만룡에게 일러 말했다.

"내가 낭도의 우두머리로 어찌 홀로 부귀를 누리겠습니까? 부인은 내 마음을 헤아려주기 바랍니다."

만룡이 말했다.

"부부는 한 몸입니다. 낭군의 마음은 첩의 마음입니다. 어찌 안 될 일이 있겠습니까?"

이에 그 재물을 모두 나누어주었다. 이로써 낭도들이 우러러보기를 부모와 같이 했다. 무릇 근심과 재난이 있는 사람이면 보리와 만룡이 함께 가서 위로하고 구호해주었다. 그때 사람들이 두 성인이 순행하며 다스리는 것에 비교했다.

만룡은 왕의 누이라는 귀한 신분이지만 지어미의 도리를 다했다. 보리가 조금만 아파도 몸소 간호했으며 음식과 의복도 친히 조리하고 손질하여 올렸는데 보리의 취향에 딱 맞았다. 그러므로 보리가 고맙게 여겨 다른 여자를 거느리지 않았고 금슬이 비할 데 없이 좋았다.

보리는 늦게 아들 딸 하나씩을 낳아 아들은 예원[64], 딸은 보룡이라 했다. 의붓아들 보태·보호와 의붓딸 보단·이단은 만룡의 잠자리 하녀인 후단이 낳았다.

처음에 비대의 딸 후만이 설원과 정을 통하여 후단을 낳았다. 만룡이 태어나자 후만이 비보의 의붓누이로 들어와 유모가 되었다. 그래서 후단이 잠자리 하녀가 되었다. 보리가 혼인했으나 태후가 보리는 성장한 데 비해 처(만룡)는 어리므로 하녀에게 명하여 모시게 했다. 보리는 거절하고 사랑하지 않았다. 만룡이 걱정하여 후단과 함께 뜰에 단을 쌓고 자기가 속히 자라기를 빌었다.

보리는 591년(건복 8년) 봄 정월 15일에 풍월주에 나아갔다. 만룡부인은 아직 겨우 13살로 어렸으므로 보리는 남도에서의 예를 미루려고 했다. 만룡이 말했다.

"낭군은 낭도의 아버지인데 첩이 부인의 도를 이루지 못하면 수치입니다."

이에 남도에서의 예를 행하고 사랑을 이루었다. 보리가 기이하게 여기니 만룡이 말했다.

"하녀 후단이 나에게 도를 가르쳐 주었습니다. 낭군께서 그녀를 둘째 부인으로 삼기를 바랍니다."

보리는 그녀의 공을 칭찬했으나 허락하지는 않았다. 만룡이 진평대왕에게 청하니 대왕이 보리를 불러 꾸짖어 말했다.

---

64   뒤에 20세 풍월주로 나온다.

"후단이 비록 하녀이나 비대전군의 손녀이고 설원 상선의 딸이다. 부인으로 삼을 수 있다."

보리가 이에 후단을 사랑하여 아들을 낳았으나 탄식했다.

"정실 아들이 아직 태어나지 않았는데 의붓아들이 먼저 나왔으니 이는 내 잘못이다."

만룡이 위로하여 말했다.

"어찌 선후가 있습니까? 만약 내가 낳기를 원하면 곧 아이를 데려다 아들로 삼으면 되지 않겠습니까?"

후단이 이에 아들을 만룡부인에게 바쳤고 감히 보리의 사랑을 받지 못했다. 낮이나 밤이나 만룡에게 아들이 생기기를 빌었다.

태후가 듣고 또한 궁중에서 빌고 점을 치니 점장이가 말했다.

"낭군은 부인을 너무 아끼기 때문에 출산할 겨를이 없습니다. 첩이 있어 사이에 조언을 해주면 좋겠습니다."

이 말을 보리에게 간하니 그가 뒤늦게 깨달았다. 이에 후단에게 물었다. 만룡이 예원을 낳으므로 후단의 자녀를 돌려주도록 명했다. 당시 공주 등은 모두 사사로운 신하를 거느리고 있었고 첩들은 정해진 지아비가 없었으나, 보리의 처첩만은 유독 배반하지 않았다. 골품을 가진 사람들이 아름답게 여겼다.

보리는 3년 동안 풍월주로 있다가 부제 용춘에게 물려주었다. 지위는 비록 상선이었으나 몸은 불문에 바쳐 형인 원광법사를 도왔다. 만룡과 후단 모두 머리를 깎고 여승이 되어 보리의 뜻을 받들었다. 만룡은 늘 같은 날 성불하기를 기도했는데 과연 그 말과 같이 되었다.

그 전인 600년(진평대왕 22년)에 원광법사가 수나라에 유학 후 귀국하여 가실사에 있었는데, 귀산과 추항이 원광을 찾아가 가르침을 청하니 이렇게 말했다.

"불계로는 보살계가 있어 10계로 삼고 있으나, 그대들은 남의 신하로서 능히 이를 감당할 수 없을 것이다. 지금 세속에 알맞은 5계가 있으니, 1은 임금을 섬김에 충성으로 하고(事君以忠), 2는 어버이를 섬김에 효도로 하고(事親以孝), 3은 벗을 사귐에는 신의로 하고(交友以信), 4는 전쟁에 임하여 물러나지 않고(臨戰無退), 5는 산 것을 죽임에는 가려서 해야 한다(殺生有擇)는 것이다. 그대들은 이를 실행함에 소홀하지 말라."

귀산과 추항은 2년 후인 602년 백제와의 아막성 전투에 소감으로 종군하였는데, 원광법사의 가르침에 따라 전쟁터에서 결코 물러서지 않고 힘을 다해 싸웠다. 이에 모든 군사들이 분격하여 백제군을 쳐부수니 백제군은 말 한 필, 수레 하나도 돌아가지 못하였으나 두 사람은 온 몸에 상처를 입어 돌아오는 길에 죽고 말았다.

13세 용춘

13세 풍월주 용춘(龍春)은 금륜왕(진지대왕)의 아들이다. 어머니는 지도태후로, 기오의 딸이다. 기오는 선혜황후의 사사로운 아들로, 사도태후의 아버지가 다른 여동생 홍도를 아내로 맞아 지도를 낳았다. 지도가 처음 동륜태자 궁에 들어갔을 때 태자가 아직 죽지 않았는데 아우 금륜왕자와 사랑을 했다. 동륜태자가 죽으니 태자가 된 금륜의 총애가 더욱 도타웠고, 태자가 즉위하자 황후가 되어 용춘을 낳았다.

용춘은 성품이 온화하고 공손했으며 탐욕스럽거나 방탕한 놀이에는 어울리지 않았다. 진평대왕이 그를 기특하게 여겼다. 이화와 문노의 가르침을 받았다. 용춘의 누나인 용명공주는 진흥대왕의 딸인데, 진평대왕을 섬겨 총애를 받았다. 용명공주가 용춘을 적극 도와 풍월주 자리에 오르게 했다.

용춘의 형인 용수전군은 동륜태자의 아들이라고 하기도 하고 금
륜태자의 아들이라고도 하는데, 진실은 알 수 없다. 『전군열기(殿君列
記)』에서는 이렇게 말하고 있다.

"용춘공은 곧 용수갈문왕의 동생이다. 금륜왕이 음란에 빠졌
기 때문에 폐위되어 유궁(幽宮)에 3년간 살다가 세상을 떠났
다. 용춘공은 아직 어려 그 얼굴을 몰랐다. 지도태후가 태상
태후의 명으로 다시 새 대왕(진평대왕)을 섬기자 용춘공은
그를 아버지라 불렀다. 이로써 대왕이 가엾게 여겨 총애하고
대우함이 매우 도타웠다."

용춘이 자라서는 옛일을 개탄하며[65] 문노의 문하에 들어가 비보
를 형으로 섬기고, 의붓동생 비형과 함께 힘껏 낭도를 모았다.
　　용춘의 의붓동생 비형에 대해서는 『삼국유사』에 기이한 이야기
도 실려 있다. 비형이 돌아간 진지대왕의 영혼과 도화녀(桃花女)라는
여인 사이에서 난 아들이라는 것이다. 진지대왕이 재위시 도화녀가
미인임을 알고 정을 통하려 했으나 그녀는 남편이 있는 몸이라 안
된다고 한사코 거부했다. 대왕은 도화녀에게 남편이 없다면 허락하
겠다는 다짐은 받아냈으나 자신이 먼저 세상을 떠났다.
　　그런데 그로부터 3년 뒤 도화녀의 남편도 죽었다. 얼마 후 진지

65　어머니 지도부인이 진평대왕을 섬겼으므로 용춘이 대왕을 아버지로 알았으나, 실제로는
　　대왕 때문에 용춘의 생부(生父)인 진지대왕이 폐위되어 죽음에 이르렀으니 원수나 다름없
　　는 사실을 몰랐던 것이다.

대왕이 생시의 모습으로 도화녀의 집에 나타나 3년 전의 약속을 트집 잡아 허락을 강요했다. 그리하여 대왕이 7일 동안 그 집에 머물다 홀연히 하늘로 올라갔다.

그 후 도화녀가 아이를 낳아 이름을 비형이라 했다. 비형은 낭도가 되었는데 신비한 일을 잘 한다고 소문이 났다. 진평대왕이 그를 불러 궁중에서 키웠다.

비형은 매일 밤 궁에서 나와 놀았으므로 대왕이 용사들에게 뒤를 밟게 했다. 비형은 서라벌 서쪽의 황천에서 귀신들과 놀았다. 용사들의 보고를 들은 대왕은 비형에게 물었다.

"네가 귀신들과 논다는데 사실이냐?"

비형이 사실이라고 하자 대왕이 그에게 명했다.

"그러면 네가 귀신들에게 신원사 북쪽 깊은 시내에 다리를 놓게 하라."

비형은 그날 밤 귀신들을 불러 밤 사이에 다리를 놓았는데, 사람들이 귀교(鬼橋)라 불렀다.

진평대왕이 이에 감탄하여 다시 비형에게 명했다.

"조정에 훌륭한 신하가 없다. 귀신 가운데 인간 세상에 나와 정치를 보좌할 자가 있으면 데려오라."

비형은 길달이란 자를 데리고왔는데, 대왕이 그를 집사에 명했다. 길달은 충직하게 대왕을 보좌했다. 대왕은 그가 혼자 노는 것을 보고 각간 임종의 양자로 삼았다. 그 후 길달은 흥륜사 남쪽의 누각 문에 올라 잠을 자므로 사람들이 길달문이라 불렀다. 그런데 하루는 길달이 여우로 변해 도망했다. 비형이 귀신을 시켜 여우를 잡아죽였다. 사람들이 이에 노래를 지어 불렀다.

> 성스러운 임금의 혼이
> 도화녀를 통해 아들을 낳으니
> 비형랑이로세.
> 날뛰는 귀신들아
> 이곳에 머물지 말라.

다시 용춘의 이야기로 돌아오면, 많은 무리가 그를 따랐고 3파가 모두 추대하려고 하므로 서현이 풍월주를 물려주었다고 한다. 마침내 13세 풍월주가 되어 호림을 부제로 삼았다. 용춘은 낭도의 옛 습관을 뜯어고쳤다. 골품에 상관 없이 인재를 뽑았던 것이다. 용춘은 이렇게 말했다.

"골품이란 것은 왕과 신하의 지위를 구별하는 것이다. 낭도에게 골품이 무슨 소용이 있는가? 공적이 있는 자에게 상을 주는 것은 법의 원칙이다. 어찌 파로써 다스리겠는가?"

무리들이 크게 화합하여 칭송했다.

"문노의 다스림이 다시 밝아졌다."

이에 앞서 미생은 사랑하는 첩이 많이 있었는데 9부 낭두들이 첩을 통해 청탁을 넣었다. 그래서 낭도들이 다투어 딸을 바치고 청탁을 했는데, 화랑과 맺어진 낭도를 '신선골(新善骨)'이라 이름지었다. 보리가 이런 상황을 염려하여 3파를 섞어 쓰고 그 세력을 고르게 하니 '균등'이라 이름했다. 그리하여 비록 공적이 있는 사람이라도 균등에 걸리면 지위가 오르지 못했다.

그때 대남보라는 사람이 있었는데, 유능하고 용감했으며 위급한 처지의 사람을 구해주기도 하여 무리가 모두 우러러보았다. 하지만 대남보는 골품과 균등의 힘이 없었다. 어떤 이가 대남보에게 이렇게 권했다.

"그대의 딸이 아름다운데 어찌 새 풍월주에게 바치고 골품을 얻지 않는가?"

대남보가 말했다.

"우리 무리는 천인인데 어찌 감히 여색으로 풍월주를 미혹할 수 있는가?"

용춘이 그 말을 듣고 기특하게 여겨 낭두별장을 불러 물었다.

"대남보의 재능이 낭두가 될 만한가?"

"될 만합니다. 그러나 골품이 없습니다."

"공적은 어떠한가?"

"풍월주를 모시고 같은 낭도로 출전한 적이 있는데 대상(對上)이 아직 승진하지 못했습니다. 그러므로 어쩔 수 없습니다."

"대상이 누구인가?"

"조심보입니다."

"조심보가 대남보보다 공이 큰가?"

용춘이 물으니, 별장이 말했다.

"조심보는 비록 공이 없으나 대남보의 대상입니다. 대남보를 올리려면 반드시 조심보를 먼저 올려야 합니다. 이것이 3파 균등의 법입니다."

용춘이 웃으며 말했다.

"재능이 없는 자를 재능이 있는 자의 대상으로 삼아 재능이 있는 자를 올리지 않는 것은 재능을 썩히는 것이다. 골품과 파벌이 무슨 소용이 있겠는가?"

이에 대남보를 세 번 올려 낭두로 삼았다. 불평하는 자들이 상선을 찾아가 바로잡으려 했다. 문노가 말했다.

"법이 나날이 새로워지고 우리들은 모두 늙었는데 어찌 새 풍월주를 괴롭히겠는가?"

미생도 입을 다물고 더 이상 문제 삼지 않았다. 그리하여 옛 습관이 고쳐졌다.

대남보의 딸은 용춘을 위하여 스스로 정절을 지키고 유화가 되기를 거부했다. 용춘이 걱정하여 여러 번 타일렀으나 듣지 않았다. 대남보가 물었다.

"한 여자로 인하여 어찌 공께서 걱정을 할 수 있습니까?"

용춘이 말했다.

"내가 그녀를 사랑하지 않는 것은 사람들이 내가 너를 사사로이 대한다고 할까 염려하기 때문이다."

대남보의 딸이 듣고 슬퍼하여 우물에 스스로 몸을 던졌다. 낭두 등이 이에 머리가 땅에 닿도록 용춘에게 절하며 말했다.

"이같이 이르게 만든 것은 신들의 잘못입니다."

용춘은 마지못해 대남보의 딸을 거두었으나 그날로 대남보를 해직하고 말했다.

"부녀가 한 사람을 섬길 수는 없다."

대남보는 기뻐하며 말했다.

"나를 알아주면 충분합니다. 어찌 자리를 논하겠습니까?"

진평대왕이 이를 듣고 곧 대남보를 등용하여 용춘을 위하여 궁의 사지(관직 13등급)로 삼고 재물을 맡게 했다. 대남보는 평소 부유했는데 그 재물을 모두 기울여 용춘이 쓰도록 했으며, 결사대 100명을 모아 그를 호위했으나 용춘은 알지 못했다. 용춘이 하루는 종자들과 더불어 남루한 옷으로 거리를 지나는데 어린 아이들이 이렇게 노래했다.

처를 바쳐 부자가 되고
일곱 아들 모두 말을 탄다네.

딸을 바쳐 가난해지고
세 아들 모두 베옷을 입었네.

용춘이 무슨 노래냐고 물었으나 종자들이 말하지 않았다.

대남보의 집에 이르니 그 처와 세 아들이 삼을 쌓아놓고 손으로 껍질을 벗기다가 용춘을 보고는 그것을 숨겼다. 용춘은 이에 종자들이 바른대로 말하지 않은 것을 책망했다. 종자들이 자백하여 말했다.

"당두의 일곱 아들은 모두 영달했는데 대남보의 세 아들은 모두 천한 까닭에 거리에 이 노래가 있습니다."

용춘이 오랫동안 슬퍼하다가 말했다.

"이는 내 잘못이다."

이에 대남보의 맏아들 학열을 승부(乘部)[66]에 천거하여 오지(烏知)[67]를 주었고, 다시 그 두 동생을 호림에게 부탁하여 말했다.

"대남보는 나를 위하다가 가난해졌다. 나는 장차 풍월주를 물려줄 것이다."

호림이 풍월주가 되자 모두 낭두로 등용했다.

대남보는 아들들에게 아버지의 이름을 욕되게 하지 않도록 타일렀다. 세 아들은 모두 충절을 받들었다. 603년(건복 20년)에 용춘과 비보가 대왕을 좇아 한수(漢水)의 전쟁에 나갔다.[68] 용춘을 따라 출전한 대남보에게 공으로 대나마(관직 10등급)를 주었으나 받지 않았다.

그때 진평대왕은 정실 아들이 없어 용춘의 형 용수전군을 사위로 삼아 왕위를 물려주려 했다.[69] 전군이 아우 용춘에게 물으니 이렇게 답했다.

"대왕의 보령이 한창 강성할 때이므로 문득 대를 이을 아들이 생기면 불행할까 두렵습니다."

---

66 승부는 수레 등 탈 것을 맡았다. 진평대왕 6년(584)에 승부령 1인을 책임자로 두었다.

67 관직 17등급 중 15등급은 대오(大烏) 또는 대오지(大烏知), 16등급은 소오(小烏) 또는 소오지(小烏知)였다. 여기의 오지는 어느 것을 말하는지 알 수 없다.

68 『삼국사기』〈진평왕 25년(603)〉조에는 "고구려 군사가 북한산성으로 쳐들어오므로 왕이 친히 군사 1만 명을 거느리고 나가 막았다."고 했다. 그후 629년에는 이에 대한 보복으로 대왕이 대장군 용춘·서현과 부장군 유신(서현의 아들)을 보내 고구려의 낭비성을 쳐 함락시켰다.

69 용수와 용춘이 형제간이라는 사실은 김대문이 앞에서 인용한 『전군열기』에도 나온다. 그러나 『삼국사기』〈태종무열왕 원년〉조에는 용춘을 용수라고도 한다고 했으며, 『삼국유사』「왕력」편에도 용춘을 용수라고도 한다고 같은 사람으로 기록했다. 『화랑세기』에 용춘과 용수에 관한 내용이 상세하므로 두 사람이 형제임이 분명하다고 하겠다.

용수전군은 이에 따라 사양했으나 마야황후가 듣지 않고 전군을 사위로 삼으니 곧 천명공주의 남편이다.

이에 앞서 천명공주는 마음으로 용춘을 그리워하여 황후에게 조용히 말했다.

"남자는 용숙(용춘 숙부)과 같은 사람이 없습니다."

황후가 이를 용수로 잘못 생각하여 천명을 그에게 시집보냈다. 공주는 이에 용춘에게 은밀히 말했다.

"첩이 본래 그리워한 사람은 곧 그대입니다."

용춘이 말했다.

"집안의 법도는 맏아들이 귀한 법인데 신이 어찌 감히 형과 같겠습니까?"

그러나 공주는 용춘을 더욱 사랑하여 대왕에게 그의 처지를 받쳐주고 여러 번 계급을 올려 용수와 같게 했다. 용수가 공주의 뜻을 알고 공주를 용춘에게 양보하려 했으나 용춘은 애써 사양했다. 마야황후가 밤에 궁중에서 잔치를 베풀고 용춘을 불러 공주와 함께 묵게 했다. 용수 또한 늘 병을 핑계 대면서 용춘에게 공주를 모시고 공주의 마음을 위로하도록 명했다. 용춘은 스스로 게으르거나 방자한 적이 없었다. 이로 인하여 그는 대궐 안에서 더욱 신임을 받았다.

용춘은 호림에게 풍월주를 물려주고는 조정에 들어가 요직에 있으면서 대사(관직 12등급) 이하에 재능 있는 낭도를 많이 등용했다. 이로써 등용된 자들이 용춘을 심히 존중하여 모두 목숨을 바치기를 원했다.

천명공주의 동생 선덕공주가 자라면서 점점 용과 봉황의 자태에 태양의 위용이 가히 왕위를 이을 만했다. 그때는 마야황후가 이미 세상을 떠나고 대를 이을 다른 아들이 없었다. 그러므로 진평대왕은 용춘에게 관심을 두고 천명에게 그 지위를 선덕에게 양보하도록 권했다.[70] 천명공주는 효심으로 순종하여, 지위를 양보하고 궁을 나왔다.

선덕공주는 용춘이 능히 자기를 도울 수 있다고 생각하여 사사로운 신하가 되어 주기를 청했다. 대왕이 이에 공주의 뜻을 받들도록 명했다. 선덕은 총명하고 지혜로웠으며 감정이 풍부했다. 용춘이 감당하지 못할 것을 알고 굳이 사양했으나 부득이 받들게 되었는데, 과연 자식이 없어 물러나기를 청했다. 대왕은 용수에게 모시도록 명했으나 또한 자식이 없었다.

그때 승만황후가 아들을 낳으므로 선덕의 지위를 대신하려고 했으나 그 아들이 일찍 죽었다. 승만은 용춘 형제를 미워했다. 용춘은 이에 지방으로 나갔다. 고구려에 출정하여 큰 공을 세우고 최고 관직인 각간으로 올랐다. 용수전군이 죽기 전에 부인과 아들을 용춘에게 맡겼는데, 부인은 천명공주이고 그 아들은 곧 춘추(후일의 무열대왕)이다.

처음에 용수전군은 천화공주를 아내로 맞았는데, 천명공주를 아내로 맞게 되자 천화공주를 용춘에게 내렸다. 그런데 아들을 낳았

---

70 진평대왕 붕어시 성골 집단의 아들이 없었다. 따라서 천명과 선덕공주가 1대에 한하여 성골 신분으로 왕위계승권을 가졌다.

으나 일찍 죽었다. 용춘이 선덕공주를 모시게 되자 진평대왕이 천화공주를 백룡에게 내렸다. 선덕여왕이 즉위하여 용춘을 지아비로 삼았으나, 그는 자식이 없다는 이유로 스스로 물러나기를 청했다. 신하들이 이에 선덕여왕을 위한 삼서(三壻)의 제도[71]를 의논하여, 흠반공과 을제공을 다음으로 하게 했다.

용춘은 평소 아버지 금륜왕이 색에 빠져 폐위된 것을 슬퍼했고, 성품이 색을 좋아하지 않아 여왕에게 아첨할 생각이 없었기에 물러나려는 뜻이 더욱 굳어졌다. 선덕여왕은 이에 정치를 을제에게 맡기고 용춘에게 물러나 살 것을 허락했다.

이에 용춘은 천명공주를 아내로 삼고 조카인 춘추를 아들로 삼았다. 이에 앞서 왕명으로 호명궁에서 살았는데 딸 다섯을 낳았으나 정실 아들은 없었다. 그러므로 춘추를 아들로 삼은 것이다.[72] 용춘은 청렴하고 담백하여 색을 멀리했으나 자손이 저절로 창성했다. 사람들이 "덕이 있는 사람은 창성한다."고 말했다.

용춘은 만년에 거문고와 바둑을 즐겼다. 천명·호명 두 부인과 더불어 산 속의 궁에서 술상을 차려놓고 바둑을 두고 거문고를 탔다. 시중하는 첩 5명이 모두 온화한 모습으로 받들어 섬겼다. 춘추는 극진한 효성으로 안락하게 모셨다. 647년(태화 원년) 8월에 70살의

---

71 진평대왕과 그 형제들이 아들이 없는 상황에서 왕위계승자를 얻기 위한 부득이한 조치였다.

72 그러나 의붓아들이 다섯이니 용산과 용석은 대씨가 낳았고 용귀는 미생의 딸 매생이 낳았으며, 용주와 용릉은 비보의 딸 홍주가 낳았다. 의붓딸은 18명이었는데, 용산의 누이 용태는 춘추를 섬겨 인태 각간을 낳았고 용주의 누이 용보도 춘추를 섬겨 거득과 마득을 낳았다.

나이로 세상을 떠났다. 무열대왕이 즉위하자 용춘을 갈문왕[73]으로 추존했다. 『화랑세기』는 그에 대하여, "용춘 갈문왕의 성스러운 덕은 하늘과 같고 땅과 같아 영원히 다하지 않을 것이며, 삼한의 업이 그에 힘입어 크게 이루어졌다."고 평했다.

---

73   갈문왕은 대왕의 아버지나 장인 또는 형제, 여왕의 남편 등에게 주던 봉작이다.

14세 호림

14세 풍월주 호림(虎林)은 복승과 송화공주 사이에서 태어났는데, 송화공주는 지소태후의 딸이다. 누군가는 "호림이 공주의 사사로운 아들이기 때문에 그 아버지는 잘 알 수 없다."고 하고, 누군가는 비보의 아들이라고도 한다. 호림은 용력이 많고 격검을 좋아하여 일찌감치 문노의 문하에 들어갔다. 검소하게 지내며 골품으로 스스로를 높이지 않았다. 호림의 누나 마야부인은 그때 진평대왕의 황후로 총애를 받았으므로, 용춘이 그를 부제로 발탁했다. 603년에 24살의 나이로 풍월주에 올랐다.

호림은 마음가짐이 청렴하고 곧았으며 재물을 흩어 무리들에게 베풀었으므로 사람들이 탈의지장(脫衣地藏 : 옷을 벗어주는 지장보살)이라 불렀다. 그는 낭도들에게 이렇게 일렀다.

"선도와 불교는 하나의 도이다. 화랑 또한 부처를 알지 않으면 안 된다. 미륵선화[74]와 보리스님(12세 풍월주)같은 분은 모두 우리들의 스승이다."

호림은 보리에게 나아가 계율을 받았으며 이로써 선과 불이 점차 융화되었다.

호림은 처음 문노의 딸 현강을 아내로 맞았으나 일찍 죽었다. 하종의 딸 유모를 다시 아내로 맞았다. 그때 미실궁주의 나이가 이미 많았는데 손녀인 유모를 매우 사랑하여 귀한 아들을 보기를 원했다. 그리하여 호림에게 명하여 천부관음을 만들어 아들을 빌게 했다. 이에 선종을 낳았는데 자라서 율가(律家)[75]의 대성인이 되었다. 호림은 부처를 숭상함이 더욱 깊어졌다. 이에 유신에게 양위하고 스스로 '무림(茂林 : 무성한 숲)거사'라 불렀다.

호림은 조정에 관여하지 않았으나 국가에 큰 일이 있으면 반드시 받들어 물었다. 알천·임종·술종·유신·보종·염장 등을 칠성(七星)의 벗으로 삼고 남산에서 만나 사귀었다.

---

74 앞의 7세 풍월주 설원을 말하는 듯하다.
75 불교의 계율종을 의미하며, 계율을 숭상하는 불교의 한 파이다. 부처 일대의 설법 중 제자가 부정한 행위를 했을 때 낱낱이 그 근거에 응하여 율을 말함으로써 바로잡았다고 한다.

15세 유신

"가야의 으뜸이고 신국의 영웅이다. 삼한을 통합하여 우리
동방을 바로잡았으니, 혁혁한 공명은 해와 달과 아울러 같이
할 것이다."

_ 「화랑세기」

김유신(金庾信)은 한국인이면 누구나 아는 신라의 으뜸가는 장군으
로 유명한데 삼국통일의 민족적 과업에 중추적 역할을 했다고 평
가된다. 그러나 백제와 고구려를 통합하는 과정에서 중국의 당나라
가 주도적인 역할을 하였고 신라는 보조적인 역할에 그쳤기 때문
에 김유신에 대한 평가도 보는 관점에 따라 다소 차이가 있을 수
있다. 김대문은 신라인으로 김유신의 위업을 위에서처럼 최상의 찬
사로 칭송했지만, 대표적 민족사학자인 단재 신채호 선생은 그에

대해 부정적인 측면에서 비판하기도 했다.

15세 풍월주 유신은 서현 각간과 만명부인 사이에 태어났다. 어머니 만명부인은 만호태후의 사사로운 딸로서 아버지는 숙흘종(입종갈문왕과 금진의 아들)이다.

처음에 서현과 만명이 몰래 사랑하여 아이를 가졌는데, 이를 알게 된 만호태후는 서현이 대원신통류이므로 혼인을 허락하지 않았다. 서현과 만명은 말하자면 '신라판 로미오와 줄리엣' 비슷한 관계였던 것이다.

두 사람은 만노로 도망하여 20개월 만에 유신을 낳았는데 상서로운 꿈을 많이 꾸었다. 진평대왕은 의붓누이인 만명이 괴로워하는 것을 보고는 서현을 만노 지역에 봉했다.

유신은 자라면서 태양 같은 위용이 있었다. 태후는 외손자인 유신을 보고 싶은 마음을 억누르지 못해 마침내 만명 부부가 돌아오는 것을 허락했다. 유신을 본 태후는 기뻐하며 "이 아이는 참으로 내 손자다."라고 했고, 마침내 가야파가 유신을 받들었다.

14세 풍월주 호림의 부제는 미실의 막내아들인 보종이었는데(아버지는 설원), 유신이 무리의 신망이 있다고 하여 부제 자리를 양보하였다. 이리하여 유신이 부제가 되었다. 이것은 미실이 만호태후를 위로하기 위하여 명한 것이었다. 그때 유신의 나이 겨우 15살이었으나 도량이 넓어 낭도들을 잘 다스렸다.

가야파의 낭도로서 승진을 탐하는 자가 유신에게 말했다.

"부제께서는 가야정통으로 어찌 저를 개인적으로 돌봐주시지 않습니까?"

유신이 정색하며 말했다.

"나는 태후의 손자인데 네가 무슨 말을 하는가? 또한 대인은 개인적인 사랑을 하지 않는다. 공이 있으면 비록 미천해도 승진할 것이다. 어찌 공을 세우지 않는가?"

낭도는 크게 부끄러워 물러났다. 어떤 이가 고하기를 그 낭도가 장차 배반할 것이라고 했다. 유신이 이렇게 말했다.

"옳지 않으면서 붙는 것은 배반하는 것만 못하다. 그렇지만 그 낭도가 승진을 탐하는 기색으로 보아 반드시 공을 세울 것이다."

뒤에 과연 그렇게 되었다. 유신은 이로써 능히 각 무리를 화합시켰다. 늘 무리에게 일러 이렇게 말했다.

"우리나라는 동해에 치우쳐 있어 삼한을 통합할 수 없다. 이는 부끄러운 것이다. 어찌 구차하게 골품과 낭도의 소속을 따지겠는가? 고구려와 백제가 평정되면 곧 나라에 바깥의 걱정이 없을 것이니 가히 부귀를 누릴 수 있다. 이것을 잊으면 안 된다."

많은 무리가 유신에게 몸을 바칠 것을 맹세했다. 유신은 그들 가운데 지혜롭고 용감한 낭도를 뽑아 천하를 두루 함께 돌았다. 유신이 돌아오니 호림이 풍월주를 물려주겠다고 했다. 유신은 사양했으나 어쩔 수 없이 받아들였다. 만호태후는 하종의 딸인 영모를 손자인 유신의 아내로 맞아들이게 함으로써 미실을 달랬다. 영모는 유모의 동생인데, 이로써 자매가 모두 선화(仙花)의 아내가 되었다. 612년(건복 29년)에 풍월주에 오른 유신은 낭도들과 병장기를 만들고 날마다 활쏘기와 말타기 훈련을 반복했다.

이에 선덕공주의 남편인 용춘이 유신을 자신의 신하로 발탁했다.

유신은 나라의 은혜에 보답하기로 맹세하고, 화살과 돌을 피하지 않고 용감하게 용춘을 따랐다. 용수 또한 자신의 아들 춘추를 유신에게 맡기니 유신이 크게 기뻐하며 말했다.

"우리 용수공의 아들은 삼한의 주인입니다."

얼마 뒤 선덕공주가 왕위에 오르자 용춘은 여왕의 남편이 되었다. 유신이 춘추에게 말했다.

"지금은 비록 왕자나 전군이라도 낭도가 없으면 위엄을 세울 수 없습니다."

춘추는 이에 유신의 누이 문희를 아내로 맞고, 유신의 부제가 되었다.

이에 앞서 보종이 풍월주가 되기 전에 유신에게 양보했기 때문에 대원파가 불만이 높았다. 유신이 이에 풍월주를 보종에게 물려주었다. 유신은 여러 나라를 돌며 뜻과 기개가 있는 선비들을 모집하여 훗날 삼한을 통합했다. 김대문은 『화랑세기』에서 풍월주로서의 김유신에 대해 비교적 간략하게 서술하고, 그의 후일의 사업과 공덕은 역사책에 있으므로 생략했다. 여기서는 유신의 활약을 『삼국사기』를 토대로 구체적으로 알아보자.

신라는 고구려와 백제보다 먼저 건국되었으나 그 후 발전이 다소 늦었다. 7세기에 와서는 강성한 백제와 고구려로부터 계속되는 침입을 당하여 많은 성을 빼앗기는 등 어려운 상황에 처하게 되었다. 642년에 백제 의자대왕은 크게 군사를 일으켜 쳐들어와 신라의 서쪽 지방 40여 성을 빼앗았다. 이어 고구려와 연합하여 당항성을 공취하고 신라가 당나라와 통하는 길을 끊으려 했다. 선덕여왕은 사태가 매우 심각하므로 당 태종에게 급히 사신을 보내 구원병을 요청했다.

한편으로 644년에 소판(蘇判 : 관직 3등급) 김유신을 대장군으로 삼아 백제를 치게 하니 가혜성 등 7성을 공취하는 전과를 거두었다. 그런데 유신이 개선하고 돌아와 선덕여왕을 뵙기도 전에 백제에서 대군으로 다시 변방을 침입하므로, 여왕이 전령을 보내 유신에게 막으라고 명했다. 유신은 집에 들르지도 못하고 다시 군사를 이끌고 나가 격파하여 2,000명을 베어 죽이고서야 돌아와 여왕에게 복명했다. 이때 또 다시 백제가 침입했다는 급보가 있으므로 여왕이 유신에게 명했다.

"나라의 존망이 공의 한 몸에 달렸으니, 모든 노고를 생각지 말고 나가 적을 막도록 도모하시오."

이에 유신은 집에 들러 쉬지도 못한 채 밤낮으로 군사를 훈련시켜 서쪽 변방으로 떠나갔다. 집 앞을 지날 때 온 가족들이 나와 보고 눈물로 전송했으나 유신은 이들을 돌아보지도 않고 떠났다.

647년(선덕여왕 16년)에 상대등 비담과 염종 등이 여왕이 나라를 잘 다스리지 못한다고 하며 반란을 도모하고 여왕을 폐하려고 군사를 일으켰다. 이때 비담 등은 명활성에 주둔하고 여왕의 군사는 월성에 주둔하여 서로 치고 막으며 10여 일이나 지났으나 승부가 나지 않았다. 그때 밤 3경에 큰 별이 월성에 떨어지니 비담 등이 군사들에게 말했다.

"내가 듣건대 별이 떨어지는 곳에는 반드시 유혈이 있다고 하니, 이는 필시 여왕이 패망할 징조다."

군사들이 모두 이 소리를 부르짖으니 그 소리가 천지를 진동시키는 듯했다. 여왕이 이를 듣고 크게 두려워하여 어찌할 바를 몰랐다. 이에 유신이 여왕에게 아뢰었다.

　"길하고 흉한 것은 무상한 것으로 오직 사람이 불러오는 것입니다. 그러므로 은(殷)나라 주왕은 붉은 참새로 해서 망하고, 노(魯)나라는 기린(麒麟)을 잡음으로 해서 쇠약하고, 고종은 꿩의 울음으로 해서 흥하고, 정공은 용이 싸움으로 해서 창성했다고 합니다. 그러므로 덕이 요망한 것을 눌러 이긴다는 것을 알 수 있은즉, 별의 이변 같은 것은 두려워할 것이 아니니 대왕께서는 걱정하지 마십시오."

　유신은 곧 허수아비들을 만들어 불을 붙여 연에 달아매어 바람결에 띄우니 마치 불덩이가 하늘로 날아 오르는 것같았다.

　다음 날 유신은 사람들을 시켜 길거리에서 선전했다.

　"어제 저녁에 떨어진 별이 간밤에 도로 하늘로 올라갔다."

　이에 적도들이 의심을 품고 있을 때, 유신은 백마를 잡아 별이 떨어진 곳에 제사를 지내고 축문을 지어 말했다.

　"하늘의 도는 양이 강하고 음이 유순하며, 인간의 도는 임금이 높고 신하가 낮은 것인데, 이를 바꾸면 곧 큰 난리가 일어납니다. 지금 비담의 무리들은 신하로서 임금을 도모하려고 하니 사람과 귀신이 다 함께 미워하는 것입니다. 생각건대 하늘의 위엄은 오직 사람의 정성에 달렸으므로 선을 선하게 여기시고 악은 악하게 여기시어 신의 부끄러움을 만들지 않게 하소서!"

　이에 유신이 장병들을 독려하여 비담의 군사를 공격하니 비담은 패주하였다. 유신의 군사들이 추격하여 모조리 참살하고 9족을 멸했다.

이해에 선덕여왕이 세상을 떠나고 진덕여왕이 즉위하였다. 이때 백제가 또 쳐들어와 무산성 등 세 성을 포위하므로 유신이 군사 1만으로 맞아 싸웠다. 힘을 다해 어렵게 싸웠으나 기세가 다하여 위급하게 되었다. 이때 비녕자와 그 아들 거진이 적진으로 달려들어가 용감히 싸우다 전사했다. 모든 장병들이 이에 분격하여 백제군을 쳐부수고 3,000여 명을 참살했다.

다음 해인 648년에 백제장군 의직이 쳐들어와 요거성 등 10여 성을 함락시켰다. 진덕여왕이 크게 근심하여 압독주 도독 김유신으로 이를 물리치게 했다. 유신이 군사를 세 길로 나누어 사방에서 몰아쳐 격파하니 의직이 크게 패하여 도망했다. 신라군이 추격하여 거의 섬멸시키고 개선하였다.

그다음 해인 649년에도 백제장군 은상이 쳐들어와 석토성 등 7성을 함락시켰다. 여왕은 대장군 김유신과 장군 진춘·죽지·천존 등에게 적을 막도록 명했다. 김유신 등은 10여 일이나 여기저기서 백제군과 싸웠으나 적은 물러나지 않았다. 유신이 도살성 아래 모든 장병들을 모아놓고 말했다.

"오늘은 반드시 백제의 첩자가 올 것이니, 너희들은 거짓으로 알지 못하는 척하고 누구냐고 절대 묻지 말라."

과연 백제의 첩자가 왔는데, 유신은 군중에 영을 내렸다.

"성벽을 굳게 지키고 조금도 움직이지 말라. 내일 구원군이 오면 결전을 할 것이다."

첩자가 이 말을 듣고 돌아가 은상에게 고했다. 은상은 신라군이 증가된다고 하므로 크게 두려워하고 있을 때, 김유신 등이 갑자기 진격하여 백제군을 크게 파했다. 장수 100명을 사로잡고 군졸 9,000여 명을 죽였으며, 말 1만 필과 병장기를 헤아릴 수도 없이 노획하여 돌아왔다.

몇 년 사이에 유신이 백제를 격파하여 다소 안정을 되찾았으나, 진덕여왕이 세상을 떠나고 김춘추가 무열대왕으로 즉위했다. 655년(무열대왕 2년)에 고구려가 백제와 말갈과 연합하여 북쪽 변경에 침입해왔다. 순식간에 33성이 함락되는 큰 위기를 맞았으므로 대왕은 다시 당나라에 사신을 보내 구원을 요청했다. 당나라는 정명진과 소정방으로 하여금 고구려를 공격하게 하니 고구려가 이에 대응하느라 신라에서는 소강 상태가 되었다. 4년 후인 659년 백제가 빈번히 변경을 침범하므로 대왕은 장차 이를 정벌하려고 당나라에 구원병을 청했다.

다음 해인 660년 당 고종은 신라의 요청에 따라 소정방을 대총관으로 삼고 13만 대군으로 백제를 치게 했다. 무열대왕은 당병과 합세하기 위해 김유신·진주·천존 등 장병을 거느리고 서라벌을 출발하여 20여 일 만에 남천정에 이르렀다.[76]

---

76 남천정은 학계에서 오늘날 경기도 이천이라고 주장하지만, 대왕이 도성에서부터 가는데 20여 일이 걸린 것을 보면 이때 신라는 한반도가 아니라 중국의 동해안 지역에 있었던 것으로 추정된다. 당시 이천이 신라 땅이었는지도 의심스러울 뿐 아니라, 당군이 백제의 도읍 사비에 가까운 백강 어귀로 오는데 대왕이 멀리 경기도 서해안으로 가지 않고 가까운 남해안으로 가면 되었을 것이다. 필자는 신라·백제·고구려의 3국이 모두 대륙에서 일어나 활동했다고 보는데, 상세한 내용은 『동북아대륙에서 펼쳐진 우리 고대사』(2012)에 논했다.

당나라장군 소정방은 내주(산둥반도 지역)에서 출발하여 많은 전선이 천 리에 뻗쳐 바다를 건너왔다. 대왕은 태자 법민(후일의 문무대왕)이 당나라 군사를 맞게 하여, 전선 100척으로 나가 덕물도에서 소정방을 맞았다. 법민이 돌아와 대왕에게 소정방의 군세가 매우 강성함을 말하자 대왕은 기쁨을 이기지 못하고, 대장군 김유신, 장군 품일·흠순 등과 정병 5만으로 당군과 호응토록 했다.

유신은 7월에 황산벌로 진격하였으나 백제장군 계백이 먼저 험한 곳에 의지하여 세 군데 영을 설치하고 기다리고 있었다. 신라군은 세 길로 나눠 백제군과 네 번 싸웠으나 매번 불리하여 군사들의 기력이 다했다. 이에 장군 흠순이 아들 반굴(이 책 제2부 '김영윤' 참조)에게 목숨으로 충효를 다하라고 명하니 반굴이 적진으로 뛰어들어 힘차게 싸우다 전사했다.

이를 본 좌장군 품일이 16살밖에 되지 않은 아들 관창(제2부 '관창' 참조)을 독려하니 적진으로 달려갔다. 그는 이내 사로잡혔는데 그 어린 것을 보고 계백 장군이 살려보냈다. 관창은 아버지에게 죽음을 맹세하고 다시 나아가 용감히 싸우다가 또 사로잡혔다. 백제에서 그의 머리를 베어 말안장에 매어 돌려보냈다. 신라군이 이를 보고 감개하여 모두 결사의 각오로 진격하여 백제군을 파했다. 계백 장군은 전사하고 좌평 충상과 상영 등은 포로가 되었다.

이날 소정방은 부총관 김인문(무열대왕의 둘째 아들)과 함께 기벌포에서 백제 군사를 대파하고 김유신의 군사와 만났다. 그런데 소정방은 김유신이 약속한 기일보다 늦게 왔다며 신라독군(督軍) 김문영을 군문에 참형하려고 했다. 유신이 결연히 말했다.

"대장군은 황산의 전역을 보지 못하고 다만 기일에 늦었다 하여 죄를 논하려는가? 나는 죄없이 욕을 당하지 않을 것이다. 굳이 대장군이 그렇게 하겠다면 당나라 군사와 먼저 결전한 후에야 백제를 칠 것이다."

유신은 군문에서 큰 도끼를 잡고 섰는데, 크게 노하여 머리털이 꼿꼿이 서고 허리에 찬 보검은 저절로 칼집에서 튀어나올 듯했다. 이때 소정방의 우장 동보량이 소정방의 발을 밟으며 말했다.

"신라 군사들의 변고가 있을까 두렵습니다."

소정방은 이에 김문영의 죄를 묻지 않았다.

다음 날인 7월 12일에 신·당 연합군은 다시 웅진에서 백제군과 싸워 크게 이기고 이어 바로 도성인 사비로 육박하여 30리 부근에 주둔했다. 백제군은 연합군과 전력을 다하여 싸웠으나 다시 패하여 1만이 넘는 사상자를 냈다.

당군이 승리한 기세로 궁성으로 접근하자 의자대왕은 최후가 가까이 온 것을 알고 탄식했다.

"후회스럽구나! 내가 성충의 충성된 말을 듣지 않아 이 지경에 이르렀구나!"

그리고는 밤중에 태자 효와 좌우 신하들을 거느리고 웅진성으로 피하였다. 대왕의 아들 부여융은 성을 나와 항복했다. 그후 닷새 만인 7월 18일에 의자대왕도 태자와 함께 웅진으로부터 와서 항복하고 말았다.

대왕의 항복에 대하여는 이제까지 잘 알려지지 않은 기막힌 사연이 있었다. 그것은 대왕이 자의로 순순히 항복한 것이 아니라 장

군 예식에게 붙잡혀 강제로 항복하게 된 것이다. 단재 신채호는
『조선상고사』에 이렇게 썼다.

> "왕은 웅진성을 지키려고 하였으나 성을 지키는 대장이 임자
> 의 일파였다. 그가 왕을 잡고 항복하려 하자 왕은 스스로 목
> 을 베었지만 동맥이 끊어지지 않았다. 결국 왕은 태자 및 어
> 린 아들 부여연과 함께 포로가 되어 당의 군영에 끌려갔다."

성을 지켜야 할 장군이 오히려 배반하여 대왕을 사로잡아 항복
을 했다는 것이다. 장군의 이름을 밝히지는 않았지만 그가 무슨 자
료에 근거하여 이런 사실을 알게 되었는지, 선생의 넓은 학문과 깊
은 통찰력에 경의를 표하지 않을 수 없다.

신·구『당서』「소정방전」을 보자.

> "장군 예식이 의자왕과 함께 항복하였다."

> "장군 예식이 의자왕을 잡아가지고 항복하였다."

이들 문헌을 통해 대왕보다 예식을 앞세웠으니, 항복이 대왕의
뜻이 아니었음을 알 수 있다. 예식은 이러한 큰 공으로 당에 가서
대당좌위위대장군이 되어 영예를 누렸는데, 근래 그의 묘지명이 뤄
양(洛陽)에서 발견됨으로써 이런 사실이 확인되었다.

다음 해인 661년 무열대왕이 세상을 떠나고 법민태자가 즉위하

니 문무대왕이다. 대왕 2년에 당나라가 소정방을 대총관으로 삼아 고구려를 정벌했다. 함자도총관 유덕민이 신라에 와서 양하도(兩河道) 총관 김유신과 함께 군량을 평양으로 수송하라는 당 고종의 명을 전했다.[77]

대왕은 유신에게 명해 김인문·양도[78] 등 9장군과 함께 수레 2,000여 량에 쌀 4,000석과 벼 2만 2,000석을 싣고 평양으로 가서 당군을 돕게 했다. 유신이 1월에 꽁꽁 언 고구려 땅을 가로질러 20일 만에 평양 부근에 이르러 당나라 군영에 군량을 무사히 전달했다. 그러나 소정방은 갑자기 싸움을 그만두고 철수해버렸다.

666년(문무대왕 6년), 대왕은 백제를 이미 평정했으므로 고구려를 격멸하고자 당나라에 군사를 청하니, 당 고종은 이적을 대총관으로 삼아 고구려를 치게 했다. 다음 해 대왕은 이적을 영접하기 위해 대각간 김유신 등 30명의 장군을 거느리고 도성을 떠나 한성정에 이르렀다.[79]

얼마 후 이적이 평양성 부근에 이르러 대왕에게 글을 보내 기일을 독촉했다. 대왕이 한 달 남짓에 평양 가까이 갔으나 이적이 군

---

77 당나라에서 김유신을 양하도총관으로 명한 것은 양하 지역(황하의 양쪽, 즉 백제의 고토)을 지나 평양으로 진군하라는 뜻이다. 만약 신라가 한반도에 있었다면 육로로 북으로 가면 평양인데, 바다 건너 황하 하류로 와서 평양으로 가게 할 이유가 없다.

78 뒤에 22세 풍월주로 나온다.

79 한성정도 오늘날 학계에서 경기도 광주라고 주장하지만 여기서도 대왕이 이적을 광주에서 기다렸다는 것은 이치에 맞지 않다. 이적이 바다로 해서 광주로 올 이유가 없으며, 대륙에서 지금의 요동으로 갔기 때문이다. 그러므로 이때의 상황은 중국의 동해 쪽에 있던 신라에서 북쪽의 끝 지역인 한성정(옛 백제 땅일 것이다)에서 이적을 기다렸다고 봄이 타당하다.

사를 돌이켜 철수했다는 말을 듣고는, 대왕의 군사도 돌아오고 말았다.[80]

2년 후인 668년에 당 고종의 명으로 이적이 다시 대총관이 되어 고구려를 쳤다. 대왕과 각 도 총관들은 당군과 합세하기 위하여 도성을 출발했으나 유신은 풍병이 있어 대왕이 남아 있게 했다. 장군 김흠순이 대왕에게 말했다.

"유신과 함께 가지 않으면 후회가 있을까 염려됩니다."

대왕이 말했다.

"공 등 세 사람은 나라의 보배다. 만약 모두 전장에 나갔을 때 갑자기 생각지도 않은 일이 생겨 곧 돌아오지 못한다면 국사는 어찌 하겠는가? 그런 까닭으로 유신을 머물러 두어 나라를 지키려는 것이다."

흠순[81]은 유신의 아우이고 옆에 있던 인문은 유신의 생질이므로 대왕의 말에 감히 항의하지 못했다.

김유신은 673년(문무대왕 13년) 7월 1일에 세상을 떠났다. 79살이었다. 대왕은 부고를 듣고 몹시 슬퍼하며 채백 1,000필과 벼 2,000석

---

80 고구려의 마지막 도읍 평양은 학계에서 오늘날 북한의 평양이라 주장하지만 그렇게 볼 수 없다. 대왕이 경기도 광주에서 비교적 가까운 평안도의 평양까지 한 달 남짓 걸렸다는 것은 있을 수 없는 일이다. 『삼국사기』에 따르면 11대 동천왕 때 관구검의 침략으로 도읍 환도성이 파괴되어 247년 평양성을 쌓아 도읍을 옮겼다. 그런데 20대 장수왕 때(427년) 평양으로 도읍을 또 옮겼다. 그러므로 2개의 평양이 있었음을 알 수 있다. 그런데 두 번째 평양에 대해 『요사(遼史)』 「지리지」에 요나라의 동경이었던 지금 랴오허(요하) 동쪽의 랴오양(요양)이 고구려의 평양이라고 밝혀놓았다. 그러므로 수·당나라에서 고구려를 공격할 때마다 해군이 오늘날의 대동강이 아니라 요동반도 쪽으로 상륙했다.

81 뒤에 19세 풍월주로 나온다.

을 부의로 보내 장례비용에 쓰게 하고 금산원에 장례 지내게 했다. 또 군악대 100명을 내주어 주악하게 하고 관원에 명하여 비석을 세워 공명을 기록하게 하였으며, 민호를 정하여 보내 분묘를 지키게 했다.

여기서 필자의 견해를 간단히 첨언하고자 한다.

김유신은 신라가 극히 위급한 상황에 처했을 때 싸움마다 모두 이겨 나라를 지켜낸 일등 공신이며 비담과 같은 반란도 진압하여 왕조를 지켜냈으므로, 역사에 남을 훌륭한 장군이라는 데에는 이견이 없을 것이다. 그러나 그를 삼한 통일의 대업을 이룬 것으로 평가하는 것은 문제가 있다. 신라가 삼국을 통일했다고 말하지만 고구려의 땅을 모두 당나라에 내주고 백제의 땅도 당과 힘겹게 싸워 얻었을 뿐이니 그 의미가 반감된다.

뿐만 아니라 고구려 멸망 후 오래지 않아 대조영이 고구려 땅을 회복하고 발해국을 세웠다. 이후 우리 민족의 나라가 발해와 신라로 병립하였기 때문에, 신라가 삼한을 통일하였다고 보는 것은 옳지 않다. 그 시대는 통일신라가 아니라 남북국시대의 신라(후기 신라)라고 불러야 할 것이다.

끝으로 김유신의 선대 가계를 『화랑세기』를 통해 살펴보자. 김유신은 가야의 후손이므로 가야 역사의 한 조각이나마 알 수 있는 기회가 될 것이기 때문이다. 김유신의 고조는 가야국의 겸지대왕이다. 겸지는 5형제가 있었는데 모두 신라의 골품이 있는 여자를 아내로 맞았고 신라 조정에 복속했다. 492년(겸지왕 원년)에 왕의 조카 납수가 신라 덕지의 딸 계황을 아내로 맞아들였는데 매우 아름다왔다. 왕 또한 신라 여자를 원했으나 왕의 어머니 방원이 허락하지 않았다.

처음에 겸지대왕의 아버지 질지대왕이 영명하여 좋은 정치를 펴 금관가야가 잘 다스려졌다. 질지는 백흔의 누이 통리를 황후로 삼았는데 미해의 딸이다. 통리의 어머니는 제상의 맏딸 청아이다. 서로 매우 사랑했으나 일찍 아들이 없는 것이 한이었다. 통리는 이에 백흔의 딸 하희를 데려다 둘째 부인으로 삼았으나, 역시 아들은 낳지 못했다. 얼마 안 있어 통리가 아들 선통을 낳았다. 질지가 크게 기뻐하여 태자로 삼았다.

선통은 말타기와 활쏘기를 좋아했는데, 들에서 사냥을 하다 비를 만나 사간(沙干) 김상의 집에 들어갔다. 김상은 좌지왕의 외손자였다. 김상의 딸 방원은 교태를 잘 부리고 아름다웠는데 선통을 유혹하여 서로 정을 통했다. 1년 남짓하여 딸을 낳았다. 통리가 듣고 거두어 태자비로 삼았다. 얼마 후 통리와 선통이 모두 죽었다.

질지가 이에 방원을 황후로 삼았다. 이에 앞서 방원은 질지와 몰래 정을 통했는데 이에 이르러 아들 겸지를 낳았다. 그러므로 질지는 크게 기뻐하여 황후로 삼은 것이다. 질지는 늙어 정치를 다스리지 않았다. 신라 조정에서는 사신을 보내 따졌다. 이 때문에 방원은 신라를 원망하여 겸지가 신라 아내를 맞는 것을 허락하지 않았다. 겸지 10년(501)에 방원이 세상을 떠났다.

겸지대왕이 이에 납수공을 신라에 보내 청혼을 했다. 조정에서는 출충 각간의 딸 숙씨를 허락하여 보냈다. 겸지는 그 아름다움을 기꺼워하여 황후로 삼아 구충(구해라고도 함)을 낳았다. 구충은 계봉의 딸 계화를 황후로 삼아 무력(유신의 할아버지)과 무득을 낳았다.[82] 모두 신라에 여행을 오니 조정에서 예로써 대접했다.

　무력은 진흥대왕의 공주 아양을 아내로 맞아 서현을 낳았다. 서현은 만호태후의 딸 만명을 아내로 맞아 유신을 낳았다. 그러므로 유신은 실로 진골·대원·가야 3파의 자손이다.

82　무력(武力)은 『삼국사기』에도 두 번 기록되었는데, 『삼국유사』에는 무도(武刀)라고 했으나 글자가 비슷하여 잘못된 것으로 보인다. 또 무득(武得)은 『삼국유사』「기이」하 〈가락국기〉에도 그렇게 되어 있으므로, 『삼국사기』〈법흥왕〉조에 무덕(武德)으로 기록한 것은 잘못인 것 같다.

16세 풍월주 보종(宝宗)은 설원과 미실궁주 사이에 태어났다. 579
년(홍제 8년)[83]에 사도태후가 친히 정권을 잡았으며 이때 미실은 옥새
의 주인이 되어[84] 집무실에서 문서를 보다가 낮에 꿈을 꾸니 흰 양
이 가슴으로 들어왔다. 길몽인 것을 알고 급히 진평대왕을 끌고 장
막 안으로 들어갔다. 대왕은 아직 나이가 어려 기분좋게 헤아리지
못했다. 이에 설원에게 명하여 다시 들어가 미실을 모시도록 하여
보종을 낳았다.

보종은 자라면서 모습이 아버지 설원을 닮아갔으므로 미실은 설

---

83   홍제(鴻齊)라는 연호는 진흥대왕 33년(572)부터 썼다.

84   원문에 새주(璽主)라 하였는데, 사도태후가 정권을 잡았지만 옥새는 미실이 관리했다는
      뜻이다.

원에게 내려주고 아들로 삼게 했다. 미실은 막내아들인 보종을 무척 사랑했다. 하종도 아우인 보종을 도탑게 사랑했다. 처음에 보종은 진평대왕을 아버지라고 불렀으나 자라서는 설원에게 돌아갔다. 진평대왕은 보종을 마복자라고 생각하여 많은 재물을 내렸다.

보종은 바르고 맑았으며 문장을 좋아하고 정이 많은 성품이었다. 사람들을 위하여 웃고 울었으며, 따뜻하고 착하여 여성스러웠다. 사람들이 병에 시달리는 것을 보면 마치 자기가 아픈 것처럼 슬퍼하고 불쌍히 여겼다. 새와 짐승에 대해서도 그런 마음을 품었고, 벌레 한 마리나 풀 한 포기도 해치지 않았다. 선과 악, 이해관계를 따지지 않았으며, 술과 여자도 좋아하지 않았다.

장식 구슬처럼 고운 얼굴에 하얀 새싹 같은 손을 가진 보종은 작은 말에 올라 피리를 즐겨 불었으며, 그럴 때면 지나가던 사람들이 그를 가리켜 '진선(眞仙 : 진정한 화랑)공자'라고 했다. 보종은 그림도 잘 그렸는데, 특히 인물과 산수가 절묘했다. 호림이 그를 사랑하여 부제로 삼았는데, 두 사람의 정이 마치 부부와 같아 보종은 스스로 여자가 되어 섬기지 못하는 것을 한스러워했다.

일찍이 어머니인 미실이 바라는 것을 물었더니 보종이 답했다.

"어머니와 같이 죽고 싶습니다."

미실이 웃으며 말했다.

"네가 색은 좋아하지 않고 나와 같이 죽기를 원하니, 또한 무슨 뜻인가?"

보종이 말했다.

"나를 사랑하는 것이 아무도 어머니만 못합니다. 어머니가 돌아가시면 나는 살 수가 없습니다."

미실이 말했다.

"네가 사랑하는 여자가 없는 까닭에 오로지 어미에게 정을 쏟는 것이다. 아름다운 사람을 택하여 살아야 한다. 그렇지 않으면 어찌 내가 손자를 보겠는가?"

"무엇을 아름답다고 합니까?"

"너 같은 사람이 아름답다. 얼굴은 옥과 같이 윤기 있고 입술은 마치 붉은 연지와 같으며, 눈은 아리땁게 빛나고 말에는 정의 뿌리가 있으면 또한 가능하지 않겠느냐?"

"정의 뿌리는 갈래가 많고 아리땁게 빛나는 것은 속기 쉬우며, 붉은 연지와 옥 같은 아름다움은 몸을 지키는 보배가 아닙니다."

미실은 윤궁의 딸 현강에게 보종을 모시게 했으나, 보종은 가까이하기는커녕 호림을 불러 함께 살았다. 그러자 호림이 오히려 현강과 통하여 딸 계림을 낳았다. 보종은 이에 현강을 호림에게 넘겨주고 스스로 아내를 맞지 않았다. 걱정이 된 미실은 종실의 여자들을 모아 말했다.

"내 아들과 친할 수 있는 사람은 상을 주겠다."

종실 여자들이 앞을 다투어 보종을 기쁘게 하려고 했으나 모두 실패했다. 이에 보명궁의 딸 양명공주가 꾀를 내어 공을 유혹하고 정을 통하니, 비로소 보종이 여색을 알았다. 미실은 크게 기뻐하여 양명에게 큰 상을 내렸다. 그러나 보종은 보라와 보랑의 두 딸을 얻은 뒤로는 양명을 가까이하지 않았다.

보종은 화랑이 되어 낭두를 아재비라 불렀고 한 번도 서열을 바꾸지 않았다. 염장을 부제로 삼았으나 형처럼 섬겼다. 얼굴이 늘 어린아이 같았다. 콩죽을 먹고 고기는 좋아하지 않았다. 오늘날로 치면 채식주의자에 가까웠던 것이다. 아침에 일어나면 정원의 많은 종류의 고목을 보고 물고기와 학을 기르며 그 사이를 거닐곤 했다. 보종은 유신을 엄한 아버지처럼 두려워했는데, 이에 유신이 웃으면서 물었다.

"형이 어찌 아우를 두려워합니까?"

보종이 말했다.

"유신공은 하늘의 일월이고 나는 인간의 작은 티끌입니다. 감히 두려워하고 공경하지 않을 수 있겠습니까?"

드디어 염장에게 풍월주를 물려주었다. 유신이 낭도들에게 일러 말했다.

"너희들이 선을 배우고자 하면 마땅히 보종 형을 따라야 하고 나라를 지켜 공을 세우려면 마땅히 나를 따라야 한다."

미실궁주가 일찍이 유신에게 일러 말했다.

"내 아들은 어리석고 약하니 도와주기 바란다."

유신이 말했다.

"신은 실로 어리석습니다. 보종 형은 비록 약하나 그 도는 큽니다. 걱정 마십시오."

어머니 미실이 세상을 떠나자 보종은 함께 따르지 못한 것을 죄로 여겨 문을 잠그고 홀로 거처하며 미실이 직접 쓴 기록 700권을 베껴 집에 간직했다. 또한 미실의 초상을 그려서 걸고 아침저녁으로 절을 했다.

역대 상선들의 모임에서는 늘 아랫자리에 앉아 모든 일에 "예"라고 순종했다. 그렇지만 우주의 참 기운을 깊이 살펴서 물고기나 새, 그리고 꽃과 나무의 이치에 정통하지 않은 것이 없었다. 유신이 병이 들자 보종이 몸소 치료를 맡으며 말했다.

"우리 공은 나라의 보배이니 나의 의술을 숨길 수 없습니다."

이로써 그가 편작(扁鵲)[85]의 의술을 가졌음을 모두 알았다. 말하자면 보종은 예술가이자 과학자, 그리고 의술까지 겸비한 '고대 신라의 르네상스형 인간'이었던 것이다.

나라에 큰일이 있으면 유신이 7성회를 열어 반드시 보종에게 물었다. 보종이 말했다.

"나는 물고기와 새의 벗인데 나랏일을 어찌 알겠습니까? 오직 여러 공들을 따를 뿐입니다."

그러나 유신은 그의 한마디를 중하게 여겨 묻지 않는 적이 없었으니, 보종의 덕 또한 컸다.

---

[85] 중국 전국시대의 전설적 명의(名醫)이다.

17세 염장

17세 풍월주 염장(廉長, 586~647)은 천주와 지도태후 사이에서 태어났다. 그러므로 용춘과 아버지는 다르지만 어머니는 같은 동생[86]이다. 염장은 풍채가 좋고 언변이 뛰어났으며 무리를 다스리고 윗사람을 섬기는 데 재주가 있었다. 어머니 지도태후는 염장을 용춘에게 맡겨 호림에게 속하게 했다. 그때 염장은 14살로 보종보다 6살이나 어렸으나 준수함이 엇비슷했다. 염장은 보종의 아름다움을 사랑하여 아우가 되기를 청했으나, 보종은 오히려 염장을 형처럼 섬겼다. 염장의 말이라면 뭐든지 들어주었고 마치 부부처럼 오순도순 정을 나누었다.

---

86 이부동모제(異父同母弟)라 했는데, 『화랑세기』의 다른 곳에서는 같은 뜻으로 포제(胞弟)를 주로 썼다.

호림이 풍월주가 되자 보종이 부제가 되고 염장은 전방화랑이 되었다. 그때 염장의 나이 18살이었는데 용감하고 힘도 좋아 무리를 복종시키는 데 부족함이 없었다. 보종보다 키도 커서 보종을 아이처럼 업어주곤 했다. 보종이 유신에게 자리를 양보하려 하자 염장은 끝까지 반대함으로써 보종을 지키려 했다. 염장의 태도에 호림은 난감해했고, 보다 못한 미실이 염장을 불러 달램으로써 사태를 수습했다.

풍월주가 된 유신은 보종을 좌방대화랑으로 삼고 염장을 부제로 삼으려 했으나, 염장은 오히려 보종을 부제로 추천하고 자신은 좌방대화랑이 되었다. 보종은 일을 본 적이 없고 염장이 모두 대행했다. 보종은 남녀관계에도 별로 관심이 없었다. 양명과 혼인은 했지만 양명이 염장과 같이 살아 아들 장명을 낳았다. 하종의 딸 하희가 보종을 사모하여 여러 번 유혹했지만 보종은 이렇게 말하며 거절했다.

"만약 우리 염장과 좋아할 수 있다면 나 또한 더불어 좋아할 것이다."

그래서 하희는 염장에게 시집을 가서 하장·윤장·춘장[87]을 낳았다. 보종이 풍월주가 되고 염장이 부제가 되었으나 실제로는 풍월주 역할을 했다. 그때가 31살로 대중의 신망을 얻었다. 보종이 1년도 안 되어 물려주려고 했다. 염장이 웃으며 말했다.

"내가 실제로는 풍월주 역할을 하고 있는데 어찌 반드시 물려주

---

87 뒤에 25세 풍월주로 나온다.

려 하십니까?"

보종이 이에 그쳤다.

염장은 6년 동안은 부제로, 다시 6년 동안은 풍월주로 있으면서 낭정을 실질적으로 이끌며 3파의 화합에 힘쓰고 서로 혼인을 시켜 마침내 동화를 이루었다.

염장의 외가와 처가에서 일을 사사로이 청탁하고 3파 낭두의 딸들을 거두어 첩으로 삼았기 때문에 의붓아들이 여럿 있었는데, 그들은 보종의 집안일을 보아주고 그 재물을 취했다. 유신의 부제였던 춘추를 부제로 삼아 풍월주를 전했다.

선덕여왕이 즉위하자 염장은 조부(調部)의 영(令)이 되어 유신과 춘추에게 재물을 공급했고 개인적으로도 치부를 했다. 사람들이 염장의 집을 가리켜 '수망택(水望宅)'이라 불렀다. 금이 집으로 들어가는 것이 홍수 같다 하여 말한 것이다. 세상에서 염장을 미생과 비교하였으나, 미생은 극도로 사치한 데 비해 염장은 검약을 실천했으니 그 부유함이 질적으로 미생과 달랐다.

18세 춘추

"세상을 구제한 주인이고 영걸한 임금이다. 한 번 천하를 바로잡으니 덕이 사방을 덮었다. 나아가면 태양과 같고 바라보면 구름과 같다."

_「화랑세기」

18세 풍월주 춘추(春秋)는 훗날의 신라 제29대 무열대왕이다. 용춘(진지대왕의 아들)과 천명부인(진평대왕의 딸) 사이에 태어났는데, 얼굴이 백옥 같고 온화한 말씨에 문장에 능했다. 가슴에는 큰 뜻을 품었고 말수가 적었으며 행동에는 절도가 있었다. 유신이 큰 인물로 보아 군(君)으로 받들었으나, 춘추는 이를 사양하고 부제가 되었다. 유신이 풍월주를 물러났을 때도 보종과 염장이 있었기에 춘추는 양보하고 다음을 기약했다. 마침내 풍월주에 오른 것은 24살 때였다. 유신의 누이 문희를 화군(花君)[88]으로 삼아 맏아들 법민(훗날 문무대왕)을 낳았다.

이에 앞서 문희의 언니 보희가 꿈에 서악(西岳)에 올랐는데 큰물이 서울에 가득한 것을 보고 불길하다고 생각했다. 꿈 이야기를 듣고 문희가 비단 치마를 언니에게 주고 그 꿈과 바꾸었다. 그 후 열흘에 유신이 춘추와 더불어 집 앞에서 제기차기를 했다. 유신이 일부러 춘추의 치마를 밟아 옷섶의 고름이 뜯어졌다. 들어가 꿰매기를 청하니 춘추가 따라 들어갔다. 유신이 보희에게 시키려고 했으나 병이 들어 할 수 없으므로, 문희가 대신 들어가 바느질을 해주었다. 유신은 피하고 보지 않았다. 춘추는 문희와 사랑을 나누어 1년 남짓에 아이를 가졌다.

그런데 춘추에게는 이미 정실부인이 있었으니, 보종의 딸인 보라 궁주였다. 보라는 아름다웠으며 춘추와 몹시 잘 어울려 딸 고타소를 낳아 매우 사랑했다. 그래서 춘추는 문희를 당당히 맞아들이지 못하고 비밀에 부쳤다. 이에 유신은 뜰에 장작을 쌓고 누이인 문희를 불태우려고 하며 물었다.

"임신한 아이의 아버지가 누구인가?"

유신의 집에서 솟구친 연기가 하늘로 계속 올라갔다. 때마침 춘추는 선덕공주를 따라 남산에서 노닐고 있었는데, 공주가 무슨 연기냐고 물으니 좌우에서 사연을 고했다. 듣고 있던 춘추의 낯빛이

---

88 풍월주의 부인을 화주(花主)라고 하는데, 춘추는 대왕이 된 사람이기 때문에 그 부인을 특별히 높여 화군이라고 불렀다.

변하자 공주가 말했다.

"네가 한 일인데 어찌 가서 구하지 않느냐?"

춘추는 급히 유신의 집으로 달려가 문희를 구하고, 포사에서 길례를 행했다.

얼마 후 보라궁주가 아이를 낳다가 죽자 문희가 춘추의 정실부인이 되어 아들 법민을 낳았다. 보희는 문희에게 꿈을 바꿔준 것을 뉘우치고 다른 사람에게 시집을 가지 않았다. 이에 춘추는 보희를 둘째 부인으로 삼아 아들 지원과 개지문을 낳았다.

춘추는 4년 동안 풍월주 자리에 있다가 부제 흠순(유신과 아버지가 다른 아우)에게 물려주었다. 춘추는 대왕이 되어 그 업적이 역사책에 상세하므로『화랑세기』에는 이후의 행적이 기록되어 있지 않지만,『삼국사기』를 토대로 대왕의 활약을 간단히 살펴보자.

선덕여왕이 즉위한 후 642년(인평 8년)에 백제의 의자대왕이 크게 군사를 일으켜 신라 서부의 성 40여 개를 빼앗았다. 백제장군 윤충이 대야성을 공격하여 함락시켰는데, 이때 도독 이찬 품석, 사지 죽죽과 용석 등이 전사했다. 대야성의 성주인 품석은 춘추의 사위였으며, 품석의 부인 고타소는 춘추의 딸이었는데 두 사람 다 죽음을 당했다. 딸과 사위의 비보를 전해들은 춘추는 기둥에 멍하게 기대서서 하루 종일 눈도 깜짝하지 않고 앞에 누가 지나가도 알지 못하였다. 얼마 후 정신을 차린 춘추가 탄식하여 말했다.

"슬프다! 사나이 대장부로서 어찌 백제를 멸망시키지 못한단 말이냐?"

이에 선덕여왕을 배알하고 청했다.

"신의 소원은 고구려에 원병을 청하여 백제의 원수를 갚는 것입니다."

여왕이 허락하자 춘추는 고구려로 떠나기 전에 유신에게 말했다.

"나는 공과 한마음 한 몸으로 나라의 팔다리가 되어왔는데 내가 지금 고구려로 갔다가 해를 입는다면 공은 무심하리오?"

유신이 대답하였다.

"공이 만약 돌아오지 않으면 내 말발굽이 반드시 고구려와 백제 두 나라 궁정을 짓밟아버릴 것이오. 이렇게 하지 않고서야 장차 무슨 면목으로 나라 사람들을 볼 수 있으리오?"

이에 춘추는 기뻐하며 유신과 서로 손가락을 깨물어 피로 맹세하고 말하였다.

"내 계획으로는 60일이면 돌아올 것 같으나 만약 그때 돌아오지 않으면 다시 볼 기약이 없을 것이오."

춘추는 사간 훈신과 함께 고구려로 가게 되었는데 대매현에 이르니 고을 사람 두사지가 청포 300보를 선물하였다. 고구려에 도착하여 영류대왕을 알현하는데 대왕은 평소에 김춘추의 이름을 잘 들었으므로 군사들로 엄중히 호위하게 하였다. 춘추가 말했다.

"지금 백제는 무도하여 뱀처럼 잔악하고 돼지처럼 욕심을 내어 우리 강토를 침략하므로 우리 임금은 귀국의 구원병을 얻어 그 치욕을 씻으려 하여 왔습니다."

영류대왕이 대답했다.

"죽령은 본시 우리의 땅이니 그대들이 죽령 서북 지방을 돌려보내면 군사를 내어 도울 것이오."

이에 춘추가 결연히 말했다.

"저는 임금의 명을 받들어 구원병을 빌러 왔는데 대왕께서는 우리의 환난을 구원하여 서로 화친할 뜻은 없으시고, 사절로 온 사람을 위협하여 강토의 귀속 문제를 요구합니까? 저는 죽는 한이 있어도 구원병을 청하는 이외의 일은 알지 못하겠습니다."

대왕은 그 말이 불손하다고 크게 노하며 별관에 가두었다. 이때 춘추는 두사지에게 받은 청포 300보를 비밀히 대왕의 총신 선도해에게 선물하니, 그는 춘추와 술을 마시며 임시로 대왕에게 영토를 돌려주겠다는 약속을 하라고 일러주었다. 춘추는 곧 영류대왕에게 글을 보내 마목현과 죽령의 두 곳은 본래 고구려 땅이므로 귀국 후 임금께 청하여 반환하겠다고 맹세했다. 이에 대왕은 춘추를 후하게 대우하여 돌려보냈다.

여기 언급한 선도해와의 만남과 대왕에게 거짓 약속의 글을 보냈다는 내용은 『삼국사기』「김유신전」에 기록되어 있으나 「신라본기」에는 기록되지 않았다. 그러므로 반드시 그런 일이 있었는지에 대하여는 의문의 여지가 있다. 또한 「김유신전」에는 유신이 춘추를 구해오기 위한 결사대 3,000명을 조직하여 출정을 기약하였다고만 했으나, 「신라본기」에는 춘추가 갇힌 사실을 신라에 비밀히 알려, 선덕여왕이 유신에게 명하여 결사대 1만이 고구려의 남쪽 경계에 들어가니 김춘추를 돌려보냈다고 하여 차이가 많다.

유신이 결사대를 조직하여 만일의 경우에 대비한 것은 있을 수 있는 일로 보이지만, 실제로 1만의 결사대가 고구려 땅에 들어갔다는 것은 사실이 아닌 듯하다. 아마도 「신라본기」에서 유신의 용기와 공을 과장하기 위해 지어낸 이야기일 것이다.

진덕여왕이 즉위한 다음 해인 648년 여왕은 춘추와 그 아들 문왕을 당나라에 조회하게 했다. 당 태종은 광록경 유형을 교외까지 내보내 영접했다. 춘추가 도성에 이르자 태종은 그의 용모와 태도가 빼어남을 보고 후하게 대접했다. 그때 김춘추는 국학을 방문하여 공자에 대한 제사의식과 경전의 강론을 보고 싶다고 하니, 태종은 허락하고 자기가 지은 「온탕비」 및 「진사비」와 함께 새로 편찬한 『진서(晉書)』를 주었다.

당 태종은 늘 춘추를 불러 금백(金帛)을 후하게 주면서 물었다.

"경은 어떤 뜻을 품고 있는가?"

춘추가 꿇어 앉아 말했다.

"우리나라는 바다 한쪽에 있으나 대국을 섬긴지 오래인데, 백제가 굳세고 교활하여 번번이 국토를 침략합니다. 작년에는 대군으로 수십 성을 함락시키므로 조회할 길이 막혔습니다. 만약 폐하께서 군사를 빌려주시어 흉적의 피해를 없애주지 않으면, 우리 백성들은 모두 그들에게 사로잡혀 앞으로 조공을 못할 것 같습니다."

당 태종은 깊이 생각한 후 군사를 내어 돕겠다고 허락했다.

춘추가 또 복장을 중국식으로 고치겠다고 하니 태종은 진귀한 의복을 춘추에게 주었다. 조서를 내려 춘추에게 특진 벼슬을 주고 아들 문왕에게는 좌무위장군을 제수했다. 춘추가 귀국할 때는 3품 이상의 관리를 송별 잔치에 참석시키는 등 극진한 예를 갖추었다. 춘추가 말했다.

"원컨대 내 아들 일곱 중 하나를 폐하의 곁에서 숙위토록 해 주십시오."

그리고는 아들 문주를 대감 한 사람과 머물게 했다.

춘추는 귀로에 바다에서 고구려 군사를 만났다. 이때 춘추를 모시고 오던 온군해가 고관을 쓰고 대례복을 입고 있어, 군사들이 그를 춘추로 알고 죽여버렸다. 춘추는 작은 배로 옮겨 신라에 이르렀다. 진덕여왕은 온군해의 죽음을 애도하여 대아찬을 추증하고 자손들에게는 넉넉한 상을 내렸다.

진덕여왕이 즉위 8년 만인 654년에 세상을 떠나므로 군신들은 이찬 알천에게 섭정을 청하였으나 알천은 굳게 사양하며 말했다.

"나는 이미 늙었고 덕행도 이렇다 할 것이 없다. 임금될 덕망이 높기는 춘추공 만한 사람이 없다. 그는 실로 세상을 다스릴 만한 위대한 영웅이라 할 것이다."

알천이 춘추를 추대하여 대왕으로 받들게 되었으나 춘추는 세 번 사양한 뒤 마지못해 즉위하였다. 성골이 끊어져 그로부터 진골(부모의 한 쪽만 왕족인 제2품)에서 대를 이은 것이었다.

다음 해 고구려가 백제·말갈과 더불어 쳐들어와 북쪽 변경의 33성이나 공취하는 위급한 상황을 맞았다. 무열대왕은 당에 사신을 보내 구원병을 청했다. 당에서는 영주도독 정명진과 좌우위중랑장 소정방으로 하여금 고구려를 공격하게 했다.

무열대왕 6년에 백제가 번번이 침범하므로 대왕은 백제를 치기 위해 당에 구원병을 청하였다. 이에 따라 당 고종은 다음 해인 660년 3월 소정방을 대총관으로, 대왕의 둘째왕자 김인문을 부총관으로 하여 13만 대군을 거느리고 백제를 정벌토록 명하였다. 대왕은 당군과 합세하기 위하여 김유신·진주·천존 등 장병을 거느리고 도성을 출발하여 남천정에 이르렀다.

6월에 대왕은 태자 법민에게 당군을 맞게 하니 그는 전선 100척에 군사를 태우고 나가 덕물도에서 소정방을 맞았다. 법민이 돌아와 소정방의 군세가 매우 강성함을 아뢰자 대왕은 기쁨을 이기지 못했다. 태자에게 명해 대장군 김유신과 장군 품일·흠순 등과 정병 5만으로 당군과 호응토록 하고 대왕은 금돌성에 행차했다.

신·당 연합군은 7월에 소부리 벌판으로 진격했다. 도성인 소부리성(사비성)을 사면에서 공격하니 다음 날 의자대왕은 웅진성으로 피하고 왕자 부여융은 나와 항복했다. 닷새 후에는 의자대왕도 웅진 수비대장의 배신으로 그에게 잡혀 태자와 함께 소부리성으로 와서 항복했다. 무열대왕은 이 소식을 듣고 금돌성으로부터 소부리성에 이르렀다. 크게 잔치를 베풀고 모든 장병들을 위로했다. 대왕은 소정방 및 여러 장수들과 함께 당상에 앉아 의자대왕과 아들 융을 당하에 앉히고 술을 부어 올리게 했다. 백제의 좌평 등 모든 신하들이 눈물을 흘렸다.

9월에 백제 부흥군들이 사비성으로 쳐들어왔다가 사비성 남령 위로 물러났다. 다시 책을 쌓아 진을 치고 틈틈이 성읍을 공격하니, 백제 20여 성이 이에 호응했다. 이에 당 고종은 장군 왕문도를 웅진도독으로 파견했다. 10월에 대왕은 태자와 뭇 장병을 거느리고 이례성을 공취하여 관리를 두어 지키니, 부흥군에 동조한 20여 성이 항복하였다. 이에 사비성 남령의 군책을 공격하여 1,500명을 참살하였다.

661년(대왕 8년)에 백제의 남은 부흥군들이 사비성을 침공했다. 이 찬 품일을 대당장군으로 하여 부장 문왕·양도·충상 등 10명의 장 군을 거느리고 사비성을 구원토록 했다. 그러나 한 달이 넘도록 성 을 빼앗지 못하고 군사를 돌리고 말았다. 대왕은 군사들이 패했다 는 말에 크게 놀라 장군 김순·진흠·천존·죽지 등을 보내 구하도 록 했다. 그러나 가시혜진에 이르러 품일의 군사가 물러난 것을 알 고 회군하였다. 대왕은 제장들의 패배한 죄를 논하여 벌을 주었다. 6월에 대왕이 돌아가시므로 시호를 무열(武烈)이라 하고 영경사 북 쪽에 장사지내고 태종의 묘호를 올렸다.

무열대왕의 일생은 신라가 고구려와 백제보다 힘이 약하여 특히 백제로부터 끊임없이 침입을 받고 수십 개의 성이 몇 차례 함락되 는 등 국가의 존망이 위태로운 시기였다. 대왕은 백제를 물리치기 위하여 고구려에 군사 지원을 받으려 했으나 고구려는 오히려 백 제와 가까워 뜻을 이루지 못했다. 하는 수 없이 최대 강국인 당나 라의 환심을 사기 위하여 국내의 풍속을 고치고 아들들을 당에 머 무르게 하는 등 외교에 모든 힘을 기울였다. 그 결과 당의 힘을 빌 려 백제를 멸망시킴으로써 국가의 최대 위기는 벗어났다.

하지만 그것이 다른 민족인 강대국에 의존한 것이었기에 국가의 안전과 영속을 보장받는 방도는 아니었다. 「김유신전」에 보면 "당 나라 사람들은 백제를 멸한 다음 사비성에 병영을 설치하고 있으 면서 몰래 신라를 침략하려는 음모를 꾸몄다."라는 구절이 나온다. 이 구절이 증명하듯 강대한 이민족이 늘 우리의 편이라고는 결코 볼 수 없다. 「김유신전」에는 또한 소정방이 백제에서 개선하여 포로들을 데리고 귀환하자, 고종이 이렇게 물었다고 나온다.

"어찌 이어 신라를 정벌하지 않았는가?"

지난 날 김춘추가 당 태종을 배알했을 때 태종은 그를 극진히 대하고 구원병을 약속했는데, 이때부터 신라까지 차지할 생각이 있었는지는 알기 어렵다. 그러나 그의 아들 고종은 그런 의도를 가진 것을 볼 때 국제관계에서는 영원한 적도, 영원한 동지도 없음을 뼈저리게 느끼게 된다.

　19세 풍월주 흠순(欽純)은 유신과 아버지가 다른 동생이다. 처음에 염장의 부제가 되었으나 유신의 명으로 춘추에게 양보했다가 춘추의 뒤를 이어 풍월주가 되었다.

　이 해(629년)에 진평대왕은 대장군 용춘·서현과 부장군 유신을 보내 고구려의 낭비성을 쳤다. 고구려 군사는 성 밖에 진을 쳤는데 그 군세가 매우 성하였다. 신라군은 이를 바라보고 크게 두려워하여 싸울 마음이 없으므로, 유신이 말했다.

　"내 듣건대 옷깃을 떨쳐야 갖옷이 바로잡히고, 벼리를 들어야 그물이 펴진다고 하니, 내가 그 옷깃과 벼리가 되겠다."

　유신이 곧 말에 올라 칼을 빼어들고 적진으로 뛰어들어가 세 번 싸웠다. 한 번 들어갈 때마다 적장의 목을 자르거나 장수의 깃발을 빼앗아 가지고 나왔다. 이를 본 모든 장병들이 그 승리의 기회를 타서 북을 울리고 함성을 지르며 진격하여 5,000여 명을 베어죽이고 성을 함락시켰다.

흠순은 아버지(서현)와 형(유신)이 큰 공을 세운 것을 듣고 분연히 말했다.

"나에게는 이런 빈 그릇만 지키라고 하니 장차 무엇이 될 것인가? 나도 또한 이제부터 나갈 것이다."

당시 사람들이 선도를 다하기보다는 공을 세우는 데에 더 관심이 있었는데, 흠순도 그런 사람이었다. 흠순은 풍월주 자리에 있던 4년 내내 낭도들을 거느리고 지방에 머물렀고, 부제인 예원이 대신하여 낭정을 다스렸다. 이에 흠순은 예원에게 풍월주를 물려주며 말했다.

"실제로 낭정을 행하는 사람이 풍월주가 되어야 한다."

흠순은 성품이 활달하여 맑고 탁함에 구애되지 않았다. 모든 사람이 유신을 두려워하고 공경했으나 흠순만은 두려워하기는커녕 오히려 당돌하게 말했다.

"어리석은 형이 어찌 두려운가?"

그러나 유신은 우애가 지극하여 흠순을 마치 어린아이처럼 사랑했다.

18살에 전방화랑이 된 흠순은 역대 상선들을 찾아뵈었다. 12세 풍월주였던 보리를 찾아뵈었을 때 보리의 아들 예원의 의붓누나인 보단은 16살, 예원은 9살이었다. 흠순이 보리를 정자 위에서 배알하고, 보단은 예원을 데리고 정자 아래 연못가에 있었는데 얌전하고 아름답기가 선녀 같았다. 흠순은 보단을 오랫동안 곁눈질로 보다가 돌아갔다. 며칠 만에 다시 찾아와서 보리를 뵙고 사위가 되기를 청했다. 그러자 보리가 말했다.

"남자가 삼가야 할 것은 색이다. 네가 내 딸을 사랑할 수 있으나 다른 여자를 많이 총애하지 않으면 줄 수 있지만, 그렇지 않으면 안 된다."

흠순이 맹세하므로 보리가 보단을 그에게 가게 했다.

보단은 아버지 보리를 닮아 미모와 재능을 함께 갖추었고 올바르고 착한 덕까지 겸비했다. 흠순은 보단을 얻은 기쁨을 감추지 못했고, 스스로 다스리지 못하는 일이 있으면 보단에게 의견을 물어 결정했다. 그러니 집안이 봄바람같이 단란했고 아들을 일곱 낳았는데 모두 영웅답고 용감했다.

흠순은 늘 이렇게 말했다.

"내가 능히 나라와 집을 위하여 공을 세울 수 있었던 것은 내 아내가 뒤에서 도왔기 때문이다."

유신은 큰일이 생기면 아예 집에 들어가지 않았지만, 흠순은 큰일이 있으면 반드시 먼저 집에 가서 보단과 이야기를 나눈 다음에 갔다. 흠순은 화살과 돌을 무릅쓰고 변방에 많이 머물렀지만 보단은 원망하지 않고 집에서 기도했다. 흠순이 집에 돌아오면 온 식구들이 기쁨으로 떠들썩했다.

젊었을 적에 흠순은 술을 좋아하여 보단이 직접 술을 빚어 다락 위에 두고 대령했다. 어느 날, 그날도 흠순이 술을 찾자 보단이 다락으로 올라갔는데 아무리 기다려도 내려오지 않았다. 이상하게 여긴 흠순이 다락에 올라가보니 큰 뱀이 술독에 들어가 취해 있고 놀란 보단이 넘어져 일어나지 못하고 있었다. 흠순은 부인을 업고 내려왔고, 이후 두 번 다시 술을 입에 대지 않았다.

보리가 이를 듣고 말했다.

"처를 사랑함이 이와 같으면 둘째 딸을 주어도 좋다."

그래서 보단의 누이동생 이단을 또 흠순에게 시집보내 세 딸과 두 아들을 낳았다. 자매가 한 지아비를 섬긴 까닭에 시기하고 질투하는 기색이 없었다. 흠순은 밖에서는 삼한의 큰 영걸이었으나 집에 돌아오면 좋은 아버지가 되어 두 부인과 자녀들과 어린아이처럼 놀았다. 전쟁에 임하면 산천초목이 벌벌 떨고 집안에서는 닭과 개가 모두 업신여긴다는 것은 흠순을 두고 한 말이다.

흠순은 재물에는 어두워 늘 염장에게 구했다. 염장은 웃으며 말했다.

"네가 나를 곳간으로 삼고 있는데 내 아이들을 가르치지 않으면 손해다."

흠순은 이에 여러 아들에게 염장의 딸들을 아내로 맞게 하여, 염장의 재산을 나누어 시집오게 했다. 보단이 말했다.

"염장 오라버니는 색을 좋아하고 재물을 탐하니 그 딸들을 맞으면 가풍을 상하게 할까 두렵습니다."

흠순이 말했다.

"색을 좋아하는 것은 성품이오. 나 또한 그대가 없었다면 염장 형과 같았을 것이오. 내가 재물을 탐했다면 집이 부유해져 그대가 고생하지 않았을 것이니, 그 또한 할 만하지 않소?"

보단은 막을 수 없었다. 염장의 딸들은 과연 행실이 없었으나 흠순 또한 크게 나무라지 않았다.

흠순의 셋째 아들 반굴만이 홀로 염장의 딸을 버리고 유신의 딸 영광을 아내로 맞아 아들 영윤을 낳았다. 반굴과 영윤 부자는 전쟁터에서 싸우다가 죽어 아름다운 이름을 백세에 남겼다.[89]

흠순은 여러 차례 큰 전쟁을 겪었으나 패한 일이 없고, 군사들을 어린아이처럼 사랑했다. 조정에서는 흠순을 세 보배의 하나로 여겼다. 680년(문무대왕 20년) 2월에 흠순은 보단부인과 더불어 하늘나라로 오르니 83살이었고 부인은 2살이 적었다. 자손이 백을 헤아렸고 조문하는 사람이 만을 헤아렸다.

---

89   반굴은 흠순의 아들로 무열대왕 7년(660)에 황산에서 백제 계백 장군의 군대와 싸우다가 전사했으며, 반굴의 아들 영윤은 신문대왕 4년(684)에 고구려 반란군을 진압하다가 전사했다. 이 책의 제2부 '김영윤' 참조.

20세 예원

> "선화의 으뜸이요 문장이 뛰어났다. 청빈하고 좋은 덕을 나
> 라를 위해 다 바쳤다. 신선을 묻고자 하면 예원공이 아니면
> 누구이며, 성현을 물으려 하면 공이 아니고 누구인가?"
>
> _ 『화랑세기』

　20세 풍월주 예원(禮元)은 12세 풍월주 보리의 아들로 『화랑세기』
를 쓴 김대문의 할아버지이기도 하다. 하지만 위의 평가가 크게 과
장된 것은 아닐 것이다.

　예원은 흠순을 따라 화랑이 되었다. 염장이 풍월주가 되자 흠순
이 부제가 되어 예원을 전방화랑으로 삼았다. 성품이 단아하고 따
뜻하며 자상했다. 자신을 굽혀 다른 사람보다 낮추었고 도로써 몸
을 다스렸다. 낭도들이 그에게 이화의 손자라고 축하의 말을 했다.

예원은 흠순을 같은 배에서 난 형처럼 정성껏 섬겼다. 풍월주인 흠순이 지방에 오래 머물자 예원이 부제로서 낭정을 대행하여 나쁜 정치를 많이 개혁했다.

가야파의 옳지 않은 자들이 진골정통을 부흥하는 일이라 하여 비난했다. 예원이 스스로 물러나려 하자 흠순이 노하여 그 무리를 내쫓고 말했다.

"부제는 곧 내 몸이니 어찌 작은 차이라도 있겠는가? 또한 지금 천하가 한 집이 되었는데 어찌 진골과 가야가 있는가?"

이에 진골정통의 옛 낭두들을 대거 진출시켜 등용했다. 가야파의 낭두들이 염장에게 많이 모여 구원을 청했다. 이에 염장은 예원을 불러 술을 내리며 위로했다.

"듣건대 네가 나이가 어리나 낭정을 잘한다니 기쁨을 금할 수 없다."

그때 가야파의 많은 낭두들이 집 아래서 모시고 있었는데 염장이 그들을 가리키며 말했다.

"이 무리들은 모두 내가 거느리는 자들이다. 나를 믿고 너에게 불순하니 마땅히 죄를 엄히 다스려야 한다. 너는 심한 자를 매로 다스려야 한다."

예원이 말했다.

"순종하지 않는 자는 없으며 신 또한 처벌할 뜻이 없습니다. 다만 풍월주 형을 노하게 말을 만든 것이 저들임이 여러 번 드러났기 때문입니다. 형의 노여움이 조금 가라앉으면 곧 신은 마땅히 모두 가려서 정할 수 있을 것입니다."

염장이 웃으며 예원의 등을 어루만지고 말했다.

"진실로 나의 좋은 아우이다. 나는 화랑의 종가[90]와 보통의 풍월주들이 같지 않음을 이미 알고 있다. 낭도들은 본래 너의 집의 무리이니 어찌 파가 있겠느냐? 이 무리가 골고루 너의 하인들이니 또한 걱정이 아닌가?"

낭두들이 모두 머리가 땅에 닿도록 절하고 죽을죄를 지었으니 부제를 위해 목숨을 바치기를 원했다. 예원이 말했다.

"너희들은 죄가 없는데 쫓겨났다. 내가 그 억울함을 알았으니 각자 돌아가서 기다려라."

낭두들이 기뻐하며 물러났다.

염장도 크게 기뻐하며 예원에게 술을 억지로 권하며 말했다.

"어리석은 딸들이 첩으로 삼을 만하니 골라보아라."

곧 의붓딸 셋을 나아가 예원에게 절하게 했다. 예원이 사양하며 말했다.

"신의 어머니가 매우 엄하여 감히 스스로 고를 수 없습니다."

염장이 칭찬하여 말했다.

"이런 아들이 있으니 어머니는 걱정거리가 없다."

염장이 세 딸에게 명하여 손수 만든 옷을 예원에게 바치고 애교를 부리게 했다. 예원이 감히 거절하지 못하고 거두어 돌아왔다. 모두 염장의 첩인 가야파 낭두 딸들의 소생이었다. 염장은 17명의 첩

---

90 1세 풍월주 위화, 4세 풍월주 이화, 12세 풍월주 보리, 20세 풍월주 예원으로 이어지는 풍월주 가문 출신을 뜻한다.

이 있었다. 진골정통파가 5명, 대원신통파가 4명, 가야파가 8명이었으며 모두 낭두의 딸이었는데, 서로 다투어 염장에게 구걸하여 예원의 총애를 받으려 했다.

예원이 여러 차례 염장의 부름을 받고 당(堂)에서 배알하면 염장은 첩을 품고 앉아서 이렇게 말했다.

"아무개는 실은 이 첩의 오빠다. 너는 나를 위해 그를 보호해주기 바란다. 나는 장차 첩들 때문에 곤란하여 고생하다 죽을 것이다. 내 마음은 본래 사사롭지 않은데 첩들이 허락하지 않으니 어쩌겠는가?"

예원은 따뜻한 말로 사정을 아뢰고 물러났다. 염장은 예원이 나가는 것을 보고 첩에게 말했다.

"예원은 비록 젊으나 근본이 있다. 너희들은 나를 강요하여 체면을 잃게 해서는 안 된다."

첩들은 예원이 어머니에게 효성스러운 것을 알고 값비싼 뇌물로 공의 어머니 만룡부인에게 아첨하려 했다.

만룡 또한 모두 어루만져 순종케 하느라고 마음을 씀이 실로 많았다. 만룡은 평소 미실의 딸인 난야궁주와 친했다. 난야의 딸 우야공주는 진평대왕의 소생인데, 만룡은 예원에게 우야를 아내로 맞으라고 명했다. 예원 또한 우야의 아름다움을 사랑하여 서로 화합하기가 마치 옻칠한 것 같아, 첩을 두려 하지 않았다. 그런데 염장이 그 딸을 첩으로 주려고 애써 원하므로, 서로 사이가 나빠질까 염려하여 만룡이 취하기를 권했고 우야 또한 권했다. 예원은 부득이 염장의 딸 찰기를 첩으로 삼으니 가야 낭두 찰인의 딸의 소생이었다.

예원의 부제인 선품 또한 미실의 딸인 보화공주가 낳았다. 보화
는 난야와 어머니가 같고 우야와는 아버지가 같아 진평대왕이 유
난히 예원을 총애했다. 예원은 선품보다 2살이 많았지만 뜻과 취
향이 서로 맞아 형제가 되었다. 그리고 나란히 화랑이 되어 거취를
같이했다. 선품은 대원파였으므로 낭도 중에 간하는 자가 있었으나
예원은 정색을 하고 거절했으며, 풍월주가 되자 선품을 부제로 삼
았다.

그때 가야파인 진주가 오랫동안 좌방화랑으로 있었으나 풍월주
가 되지 못했는데, 어떤 자가 그에게 물려줄 것을 권했다. 예원이
웃으며 말했다.

"진주는 나의 형이다. 어찌 형에게 동생에게 하는 것처럼 물려줄
수 있겠는가?"

진주는 이에 화랑을 물러나 병부에 들어갔다.

예원과 선품은 더불어 낭정을 돌보았는데 3파를 골고루 써서 무
리의 신망을 크게 얻었다. 선도(仙道)는 보종을 따르고 무도(武道)는
유신을 따랐다. 예원은 3년간 풍월주에 있다가 선품에게 물려주고,
예부에 들어갔다가 조부로 옮겼다. 선덕여왕이 그를 총애하여 내
성사신[91]으로 발탁했다. 여왕이 세상을 떠나자 물러나 살며 마음을
닦았다.

그때 춘추가 당나라에 들어가려고 문장을 잘하고 풍채가 좋은

---

91 내성(內省)은 궁 안의 일을 맡았으며 그 책임자가 사신(私臣)이었다(『삼국사기』「직관」
중).

사람을 선발했다. 선화 3인과 승려 3인이 따랐으나 그들을 이끌 우두머리가 마땅치 않았다. 흠순이 말했다.

"우리 예원이 아니면 누가 감당하겠는가?"

춘추가 크게 기뻐하며 그를 선발했다. 예원은 한가로이 지내려고 사양했으나 춘추가 말했다.

"이 같은 유사시를 당하여 어찌 한가로이 지낼 수 있겠는가?"

예원은 이에 따랐다.

조정에서는 당나라 사람들이 색을 좋아한다고 하여 유화 3인을 뽑아 태우고, 거짓으로 종실의 여자라고 말하게 했다. 예원이 "색으로 사람을 유혹하는 것도 도리가 아닌데 하물며 골품을 속이는가?"하고 따졌으나 어쩔 수 없었다.

도중에 풍랑을 만났는데 뱃사람이 여자를 바다에 빠뜨리면 된다고 말했다. 예원이 거부하며 말했다.

"사람의 목숨이 지극히 소중한데 어찌 함부로 죽이겠는가?"

그때 양도[92] 또한 선화로서 같이 배에 있다가 따져 말했다.

"형은 여자를 중하게 여기기 때문에 주인 춘추공을 중하게 여기지 않습니까? 만약 위험해지면 어찌하겠습니까?"

예원이 침착하게 말했다.

"위험하면 모두 위험하고 안전하면 함께 안전할 것이다. 어찌 사람을 죽여 삶을 꾀하겠는가?"

말을 마치니 바람이 고요해졌다. 사람들은 바다의 신이 예원의

---

92   뒤에 22세 풍월주로 나온다.

말을 듣고 노여움을 풀었다고 생각했다.

당나라에 들어가니 많은 사람들이 원광의 조카인 예원이 문장을 잘하므로 존중했다. 유향이 신선의 도에 대해 물었다. 예원은 보종이 능히 그 도를 얻었다고 답했다. 또한 연서(燕書)에 대해 물으니 예원이 암송해주었다. 또 신라의 혼인의 도에 대해 물으므로 예원이 신의 뜻에 따른다고 답했다. 어떤 신이 시조냐고 물으니 일광(日光)의 신이라고 답했다. 유향이 계속하여 물었다.

"일광과 금천(金天)씨가 같은가?"

이것은 이전에 왔던 사신들이 신라에서 금천씨를 조상으로 받든다고[93] 한 때문일 것이다.

예원이 말했다.

"금천씨가 어떻게 신과 같겠는가?"

유향이 답을 하지 못했다.

이번에는 당나라 재상이 물었다.

"그대 나라와 백제는 서로 혼인했는데 지금 어찌하여 서로 다투는가?"

예원이 답했다.

---

[93] 『삼국사기』「김유신」 상(上)에 이렇게 기록했다. "신라 사람들은 소호 금천씨의 후예라고 이르는 까닭으로 성을 김씨라고 하였는데, 김유신 비석에도 이르기를, '헌원의 후예이고 소호의 아들이다'고 하였으니……" 헌원은 중국의 시조라는 5제의 첫 번째 제왕인 황제(黃帝)의 이름이다. 신라 김씨가 이 황제의 후손이고 또 소호 금천씨의 후손이라는 것이다. 소호 금천씨는 그 이전 3황의 첫 번째인 태호 복희씨와 함께 동이족인 우리 선조로 알려져 있다. 그러므로 「김유신전」 기록은 신빙성이 있으며, 금천씨와 같은 계통인 황제 헌원 또한 동이족인 우리 조상이 중국으로 건너간 것으로 볼 수 있다.

"백제가 고구려에 쫓겨 남쪽으로 내려오니 우리나라에서 군대와 땅을 빌려주어 보호했다. 그러므로 처음에는 우리에게 신하로서 의지했는데 점차 안정되자 도리어 우리 땅을 침범했다. 또한 가야는 본래 우리의 부용국이었고 지금은 이미 우리나라에 들어왔는데, 백제가 그 서쪽 땅을 빼앗고 돌려주지 않는다. 탐욕스럽고 도가 없다. 그러므로 귀국의 군사를 얻어 토벌하려고 한다."

재상이 또 물었다.

"그대 나라에서 건원·칭제한 것은 언제부터인가?"

예원이 대답했다.

"멀리 상고(上古)부터였다. 앞의 사신이 법흥왕이 시작했다고 답한 것은 단지 문자 사용을 말한 것이다."

또 재상이 묻기를 "가야가 그대 나라를 부용으로 삼았느냐 그대 나라가 가야를 부용으로 삼았느냐, 어느 것이 옳으냐?" 하니 예원이 말했다.

"우리나라는 전한(前漢) 선제 오봉 원년(서기전 57)에 섰고 가야는 후한(後漢) 광무 건무 18년(서기 42)에 섰으니, 누가 옳은지 알 수 있을 것이다."

당나라의 재상이 그렇게 여겼다.

돌아올 때 당나라 사람들은 유화가 말이 통하지 않고 풍토에 익숙하지 않으니, 비록 아름답기는 하지만 머물게 할 수 없다고 했다. 유화도 같이 돌아오려고 했다. 종자들이 그들을 버리려 했다. 예원이 말했다.

"부모 형제가 있는데 어찌 버릴 수 있는가?"

도중에 적병이 있는 곳을 지났는데 온군해로 하여금 기신(紀信)[94]의 계책을 쓰게 하여 벗어났다. 예원이 공을 세워 벼슬이 올라 다시 품주(禀主)가 되고[95] 2년 후 예부의 영(令)으로 나갔다. 이어 이부(理部)의 영이 되었다. 여러 번 요직을 거쳤으며 벼슬이 이찬(관직 2등급)에 이르렀다.

문무대왕 13년(673)에 집사부(執事部)의 대등(大等)으로 있다가[96] 관아에서 세상을 떠나니 67살이었다. 대왕이 슬퍼하여 상대등의 예로 장사지냈다.

예원은 위에서 당나라에 갔을 때 우리나라 혼인의 도를 부끄럽게 여겨 신의 뜻에 따른다고 대답했지만, 귀국 후 이를 고치려 노력했으나 워낙 오래된 관습이라 고치기 힘들었다. 예원은 자손들에게 나쁜 풍속을 따르지 않도록 훈계했다. 그런데 등잔 밑이 어둡다고, 예원의 아들 오기가 사촌누이 운명을 아내로 맞이했다. 크게 노한 예원은 아들을 보지 않았다. 그러자 흠순이 웃으며 말했다.

"선품의 딸이니 네가 마땅히 자식으로 여겨야 하는데 도리어 노여워하니 무슨 일인가? 산 자는 불안하고 또 죽은 자는 원망할 것이다. 네가 그것을 살펴야 한다."

---

94 기신은 한나라 고조 유방의 신하였는데 유방이 항우의 군사에게 포위되었을 때 유방의 수레에 타고 항우의 군사를 속여 대신 죽었다.

95 품주는 진덕여왕 5년(651)에 집사부로 이름을 바꾸기 전의 이름이다(『삼국사기』 「직관」 상). 예원이 당나라에서 귀국하여(648) 2년간 품주로 있었다고 보겠다.

96 『삼국사기』 〈문무왕 11년(671)〉조에 이찬 예원을 중시(中侍)로 삼았다고 했는데, 이는 집사부의 책임자였다(「직관」 상). 그런데 여기서는 중시가 아니라 대등이라 했는데, 이는 각 부서의 장들이 대등회의 구성원이었기 때문에 그렇게 말한 것으로 보인다.

예원은 부득이 허락했다.

운명은 김대문의 어머니이다. 대문을 낳자 예원은 크게 기뻐하여 말했다.

"하늘의 뜻이다. 아니면 선품이 이 손자를 점지하려고 너희들을 사랑에 빠지게 했느냐?"

마침내 다시는 혼인의 도에 대하여 말하지 않았다.

21세 선품

21세 풍월주 선품(善品)은 구륜의 아들로, 예원을 따라 화랑에 들어갔다. 용모가 절묘하고 언행이 매우 아름다웠다. 문장을 좋아하고 선도와 불교에 통달하여 진실로 높은 골품의 인물이었다. 예원이 자신의 누이인 보룡을 아내로 삼게 하고 풍월주 자리를 물려주었다. 선품은 4년 동안 풍월주 자리에 있으며 한결같이 예원의 제도를 따랐다. 부제 양도에게 풍월주를 전하고 예원을 따라 내성에 들어갔다가 예부에 올랐다. 643년(인평 10년)에 당나라에 사신으로 갔다가 병을 얻어 돌아왔고, 그로 인해 35살에 세상을 떠났다. 왕이 슬퍼하며 벼슬을 아찬(관직 6등급)으로 올려주었다.

훗날 선품의 딸 자의가 문무대왕의 황후가 되자 파진찬(관직 4등급)을 추증했다. 선품의 둘째딸 운명은 예원의 아들 오기에게 시집갔고, 셋째딸 야명 또한 문무대왕을 섬겨 궁주가 되었다. 외아들 순원은 귀한 이름을 날렸다.

선품이 죽은 뒤 부인 보룡은 혼자 살았는데, 문명태후가 선원전 군을 낳은 후 보룡에게 젖을 먹여주기를 청했다. 법민왕자(후일의 문무대왕)가 보룡의 아름다움을 보고 기뻐했으나 보룡은 큰딸 자눌을 법민에게 허락하고 자신은 여승이 되었다. 이에 법민이 애석하게 여겼다.

법민이 태자가 되니 보룡의 딸 자눌을 태자비로 삼아 궁을 짓고 자의궁이라 하고, 보룡이 입궁하여 살피도록 했다. 그래서 보룡의 외아들 순원은 궁중에서 자랐으며 선원·당원 두 전군 등과 한 가지로 벼슬을 올리니 영화와 행운이 지극했다. 사람들이 입을 모아 아버지 선품의 음덕이라 말했다.

22세 양도

22세 풍월주 양도(良圖)는 모종과 양명공주의 아들이다. 양명의 어머니는 보명인데 지소태후와 잠자리 신하 구진 사이에서 태어났다. 보명은 아름답고 유연하여 향기가 있었다. 3명의 대왕을 섬겼으나 총애가 쇠하지 않았다. 진평대왕이 즉위했을 때 13살이었으나 기골이 장대하고 힘이 넘쳤다. 사도태후가 보명과 미실에게 명해 진평대왕을 이끌게 했다. 미실은 지위가 낮고 골품이 천하여 보명에게 윗자리를 양보했다. 보명은 그때 석명을 가진 지 3개월이었기에 굳이 사양했다.

그래서 미실이 먼저 사랑을 받았다. 진평대왕은 양기가 통하게 되자 몸소 보명궁으로 찾아갔고, 이에 보명은 감히 어길 수가 없어 사랑을 받았다. 그해 9월에 대왕은 보명과 미실을 각각 좌후·우후로 삼았다. 보명은 석명을 낳고 나서 3년 동안 총애를 한 몸에 받아 딸 양명을 낳았다. 양명공주는 어머니 보명을 많이 닮아 대왕이 매우 사랑해 늘 곁에 두었다. 양명은 나이 스물이 넘어서야 보종에게 시집가서 보라와 보량을 낳았다. 또한 28살에는 모종과 통하여 양도를 낳았다.

양도는 염장을 따라 화랑이 되었는데, 12살 어린 나이에도 불구하고 상하의 예의를 알았다. 흠순 때에 이르러 예원에게 속하도록 명했다. 선품이 풍월주에 오르자 예원이 양도를 부제로 명하도록 했다. 양도는 선품보다 1살 어렸지만 선품에게 정성을 다하여 순종했다.

하지만 풍월주가 된 이후에 양도는 마음대로 일을 처리하는 경우가 많아 사람들의 비난을 받았다. 그러나 양도는 사람을 잘 섬기고 일의 추이에 밝은 성격에, 부처를 숭상하고 공명(功名)을 중시했으며 문장을 잘하고 격검에 능했다. 상선들에게 몸을 굽힐 때는 마치 어린아이가 어머니에게 재롱을 부리는 것 같아 윗사람들을 기쁘게 했다.

양도는 부모를 지극한 효성으로 섬겼다. 어머니 양명공주는 진평대왕의 딸이다. 대왕은 양도의 총명함을 사랑하여 늘 궁중에 불러들여 재물을 많이 내렸다. 양도는 그것을 독차지하지 않고 번번이 어머니 양명공주에게 바쳐 형제들과 고루 나눠 가졌다.

양명공주는 처음에 미실궁주를 위하여 그녀의 아들 보종에게 시집가서 딸 보라와 보량을 낳았다. 보종이 부부관계를 좋아하지 않으므로 부제 염장과 정을 통하여 아들 장명을 낳았다. 그때 보종의 조카 모종은 하종의 아들로서, 빼어난 용모에 재주가 있어 보종이 자신처럼 사랑했다. 문장과 그림을 가르쳤는데, 양명공주 또한 그와 같이 배웠다.

하루는 공주가 꿈에 난새의 상서로움을 얻고 길조라 여겨 보종에게 말하고 그를 끌어 당겼다. 보종이 웃으며 말했다.

"길조가 어찌 홀로 나에게만 있느냐?"

그리고 반듯이 누워 잠이 들었다. 그때 모종이 옆에서 묵으로 그림을 그리다가 갑자기 옷이 더러워졌다. 공주가 그 옷을 빨아주었다. 마침내 더불어 사랑하여 양도를 낳았다.

대개 보종이 양명공주의 마음이 모종에게 있음을 알고 일부러 벼루를 발로 차서 사랑을 이루게 한 것이다. 모종은 공주보다 5살 아래였다. 공주는 지극히 사랑하여 그를 아우님이라고 불렀다. 양도가 태어나자 보종은 양도(良圖 : 그림을 잘 그린다는 뜻)라고 이름 짓고 말했다.

"그림은 아우님의 아들만한 사람이 없을 것이다."

공주가 기뻐 그 이름을 허락했다.

양도는 어려서 뛰어나게 총명했다. 7살에 양도라는 이름을 지은 까닭을 물었다. 공주가 대답할 말이 없어 숨기며 말했다.

"네가 그림을 잘 그리게 하려고 지은 이름이다."

양도가 이에 분발하여 힘껏 그림을 그렸다. 군사 진지의 그림을 잘 그렸는데 병장기가 매우 정밀했다. 그러므로 일을 하는 것도 몹시 치밀했다. 마침내 나라를 지키는 장군이 되었다.

양명공주는 보종을 지아비로 하고 염장과 모종을 사사로운 신하로 했다. 그래서 양도는 늘 모종을 아재비공(公)이라고 불렀다. 커서는 친아버지인 것을 알고 더욱 존경하고 효도를 다하며 일찍 알지 못한 것을 한스럽게 여겼다. 모종이 말했다.

"너는 실제로 내 아들이지만 호적은 풍월주인 아버지를 이었으니 사랑을 구분하지 않는 것이 좋다."

대개 보종이 양도를 대를 잇는 아들로 삼았기 때문이었다.

양도는 그러므로 형 장명을 뛰어넘어 먼저 낭계(郎階)에 발탁되었다. 양도가 형을 걱정하여 양보하려고 했으나 염장이 허락하지 않았다.

"집과 나라에는 모두 대를 잇는 아들이 있다. 아버지의 명령을 따르지 않으면 비록 형에게 우애가 있어도 아버지에게 죄를 얻을 것이다."

그리고 장명에게 형으로 살지 않도록 타일렀다. 이에 장명은 몸을 굽혀 양도를 섬겼다. 양도는 한층 더 효도하고 우애를 다했다. 염장을 섬기기를 또한 아버지에 대한 도리로 했다.

처음에 장명의 누나 보량이 진평대왕의 후궁으로 들어가 총애를 받고 보로전군을 낳았다. 승만황후가 질투하여 물러나 살 것을 명하고 종실 신하에게 시집보내려 했다. 보량은 평소에 양도를 사랑하여 다른 곳에 가기를 원하지 않았다. 양명공주가 이에 대왕에게 청하여 말했다.

"만약 보량에게 양도를 배필로 맞게 하면 보종의 혈통을 이은 아들을 얻을 수 있습니다."

대왕이 허락하고 보종 또한 원했다. 양도는 평소 동기(同氣) 간에 서로 결합하는 풍속을 싫어하여 따르지 않았다. 보량이 그로 인하여 병이 났다. 양명공주가 노하여 책망하니 양도가 부득이하여 이렇게 말했다.

"저는 누나를 사랑하지 않는 것이 아니나 사람들이 나무랄까 두렵습니다. 제가 중국 외의 풍속을 따르면 엄한 아버지와 자애로운 어머니 그리고 사랑하는 누나 모두 좋아하겠지만, 중국의 풍속을 따르면 모두가 저를 원망할 것입니다. 저는 중국 외의 풍속을 따르겠습니다."

공주는 이에 양도를 끌어안고 말했다.

"참으로 내 아들이다. 신국(神國)에는 스스로 신국의 도가 있다. 어찌하여 중국의 것을 쓰겠느냐?"

이에 양도는 보량을 아내로 맞아 아들 양효를 낳았다. 그러나 양도는 보량을 아내로 대우한 적이 없고 더욱 부지런히 섬겼다. 보량이 화를 내며 말했다.

"너는 내가 나이가 많아 사랑하지 않는다고 말하는 것이냐? 너와 내가 같이 산 지 3년에 이같이 아름답고 예쁜 아들을 낳아 부모가 매우 기뻐하고, 내가 너를 잠시라도 사랑하지 않은 적이 없는데, 너는 나를 한결같이 누나로서 섬기고 존경한다. 내가 쇠로 만든 사람도 신의 동상도 아닌데 공경은 왜 하느냐? 너는 듣지 못했느냐? 백 되의 공경은 한 되의 사랑만 못하다는 것을? 부부 사이에 공경은 해서 무엇하겠느냐?"

양도가 웃으며 보량을 포옹하고 달래어 말했다.

"같은 굴에서 살고 죽는데 어찌 사랑하지 않을 까닭이 있습니까? 제가 듣기로 큰 사랑은 공경하기를 신과 같이 하고, 작은 사랑은 희롱하기를 옥과 같이 한다고 했습니다. 저는 큰 사랑으로써 그대와 함께 하기를 원하는 것이지, 큰 누나로 생각해서 그런 것이 아닙니다."

보량은 이에 스스로 부끄러워 사과하고 양도를 섬기기를 임금과 같이 하며, 감히 추잡한 일로 양도 앞에서 희롱하지 않고 말했다.

"나의 지아비는 천하의 훌륭한 선비이다. 여자로서 이러한 사람을 섬기다 죽으면 더 큰 영광이 없다."

한겨울이나 한여름에도 반드시 몸소 음식을 조리하여 양도의 입맛에 맞추었으며, 작은 병이나 아픔도 크게 걱정하는 등, 정성을 다했다. 늘 보배 칼을 지니고 양도를 따라 죽을 뜻을 품고 있었다.

양도가 풍월주가 되자 보량은 스스로 색이 쇠했다고 생각하여 능보를 뽑아 화주로 삼으려 했다. 능보는 원래 보량의 잠자리 하녀였는데 난방(暖房)으로 올랐기 때문이었다. 그러나 양도는 거부했다.

"나는 화랑 아버지의 대를 이은 아들로 계통을 얻었는데 진골정통은 그대에게 있습니다. 그대가 화주가 아니면 내가 어찌 풍월주가 되겠습니까?"

보량은 이에 기꺼이 화주의 자리에 나아가 양도와 함께 축하를 받았다. 그때 양도는 28살, 보량은 33살이었다. 양도는 낭정을 보량에게 많이 맡겼으나 큰일은 스스로 처리했다. 잘 모르는 자들은 화주가 다스린다고 생각했지만 실제로는 양도가 큰 낭정을 결정했다.

풍월주가 되어 처음에 낭두 7등급을 9등급으로 고쳤다. 나라의 초기부터 서민의 아들도 재주가 뛰어나면 곧 낭문에 나아가 낭도가 되었다. 13~14살에 동도(童徒)가 되고 18~19살에 평도(平徒),

23~24살에 대도(大徒)가 되었는데, 대도 중 입망자(入望者)는 망두(望頭)라고 했다. 공로와 재주가 있는 자를 천거하여 신두(臣頭)로 삼았다. 신두는 낭두가 될 수 없고 오직 망두만이 낭두가 되었다. 대도가 30살이 되면 곧 병부에 속하거나 혹은 농업이나 공업에 돌아가거나 시골 마을의 장이 되었다.

입망(入望)의 법에는 상선(上仙)과 상랑(上郎)의 마복자가 아니면 될 수 없었다. 그러므로 낭두의 처는 임신을 하면 살아 있는 꿩을 예물로 하여 선문(仙門)에 들어가 물 끓이는 하녀가 되고, 며칠 또는 몇 달 만에 총애를 얻으면 물러났다. 물러날 때 그 남편은 재물을 들여 예를 갖추고 맞이했다. 이름하여 사함(謝函)이라 했다. 아들을 낳아 석 달이 되면 다시 들어가는데 양과 돼지를 예물로 하며 세함(洗函)이라고 했다. 며칠이나 몇 달 만에 총애를 받으면 물러나는데 그 남편은 또 사함을 하여 맞이했다. 이로써 낭두가 아이를 많이 낳으면 곧 그 재산이 기울었다.

또한 경박한 여자는 선문(仙門)에서 놀기 위해 임신을 했다고 거짓으로 칭하고 들어가 물 끓이는 하녀가 되었는데, 임신이 안 될까 두려워 선문에 속한 하인들과 사사로이 통했으며 혹은 화랑의 아이를 가져 돌아가니 폐단이 더욱 심했다. 양도가 비로소 입망의 법을 개혁하여 인재를 뽑고 사함의 풍속을 금하자 낭도들이 크게 기뻐했다.

처음에 낭두에는 낭두·대낭두·낭두별장·상두·대두·도두의 등급이 있었다. 양도는 그 위에 대도두·대노두를 더했다. 도두 이하는 각기 별장(別將)을 두어 벼슬길을 넓히고 지위를 높였다.

낭두의 딸은 모두 선문에 들어가는데 봉화(奉花 : 화랑을 받듦)라 이름 했다. 위의 화랑으로부터 총애를 받지 못하면 시집을 갈 수 없었으므로 앞을 다투어 청례(靑禮)를 하기 위해 아양을 떨었다. 총애를 받은 이는 봉로화(奉露花)라 하고 아들을 낳은 이는 봉옥화(奉玉花)라 했다. 옥로(봉옥화나 봉로화)가 아니면 새로 낭두에 오른 자들이 아내로 맞이하지 않았다. 아내 덕분에 신분이 귀하게 되는 일이 많았기 때문이다. 봉화는 청례를 하지 못하면 선문에서 늙어 소속 하인에게 떨어졌다. 이에 양도는 청례와 옥로의 폐단도 금했다.

서민의 딸 중에서 빼어나게 아름다운 여인들은 낭문(郎門)에 속해 유화가 되고 30살이 되기 전에는 시골로 돌아갈 수 없었다. 양도는 이런 폐단도 고쳐서 마을 사람들이 매우 기뻐했다. 그러나 양도의 이런 개혁을 선문의 완고하고 미혹한 자들은 좋아하지 않았다. 염장이 걱정하며 양도에게 너무 급진적인 개혁을 하지 않도록 조언하자 양도는 이렇게 간언했다.

"미생공은 마복자가 수십 명이었는데 사람들이 많다고 생각했습니다. 지금 풍월주 아버지께는 마복자가 100명이니 옳다고 하겠습니까?"

염장이 웃으며 말했다.

"저들이 좋아서 요구했으니 가하지 않겠는가? 무리를 다스리는 것은 마치 물을 다스리는 것과 같아, 순리대로 하면 되고 서두르면 물이 샌다."

그때 도두 세기의 처 도리는 어려서부터 아리따움으로 이름이 높았다. 염장의 아들을 둘 낳고 나와서 세기의 처가 되었는데, 세기보다 12살이 많았다. 세기를 하인 보듯이 하면서 자기 마음에 들지 않으면 세기를 매질하여 못하는 짓이 없었다. 세기에게는 첩이 셋 있었는데 첩이 아들을 낳으면 도리가 질투하여 철기로 세기를 마구 때려, 세기는 일어나 업무를 할 수가 없었다. 양도가 노하여 도리를 잡아들여 볼기를 치려 하니 그녀가 말했다.

"첩의 죄가 비록 무거우나 효장과 유장의 어미입니다. 국법에 화랑의 자식을 낳은 여자가 볼기를 내놓고 매를 맞는 도리는 세상에 없습니다."

양도가 노하여 말했다.

"너의 죄는 곤장 3대에 해당하나 네 말 때문에 곤장 3대를 더할 것이다."

이에 그 치마를 내리고 묶었다. 보량이 간하여 말했다.

"염장 아버지가 알면 마음이 상할까 두렵습니다. 우리가 어찌 지위로서 사람을 다스리고 도리어 불효에 빠지겠습니까?"

양도가 말했다.

"이 사람을 다스리지 않으면 무리를 징계할 수 없다."

그리고 세기를 불러 꾸짖어 말했다.

"지아비가 되어 처를 바로잡지 못했으니 너의 죄는 파면해야 마땅하다. 네 처를 곤장 치려고 했는데 화주가 중지시켰으니 마땅히 너를 파면하여 네 처를 징계하겠다."

도리는 세기가 파면되는 것이 두려워 울며 말했다.

"첩이 볼기를 맞을 것이니 지아비를 보전해주시기 바랍니다."

양도가 웃으며 말했다.

"부부의 의리는 마땅히 이와 같아야 한다. 만약 네가 세기를 나와 같이 섬기고 감히 방자하지 않으면 당연히 매를 면하고 너의 지아비를 보호할 수 있다."

그리하여 도리는 비로소 지아비에게 굴복하고 방자함이 변해 순종하며 다시는 첩을 질투하지 않았다. 그러자 다른 낭두의 처들도 관계한 화랑을 믿고 지아비에게 함부로 대하지 못하게 되었다. 낭두들이 서로 축하하여 말했다.

"새 풍월주의 덕화가 안방까지 깊이 미쳤다."

이에 양도를 위해 목숨을 바치지 않는 이가 없었다.

하지만 양도는 실제로는 색을 좋아하여 낭두의 처들이 양도의 아들을 많이 낳았으며, 사랑하는 신하 찰의가 위로 보량을 범해도 모른 척했다. 낭두들이 많이 사사로운 정으로 일어나 올랐다. 낭정을 멋대로 한 적도 많았다. 상선들이 높은 데서 의논하고 3파는 장막 뒤에서 다투었다.

양도는 이에 보량에게 말했다.

"무리를 다스림은 마치 파리를 쫓고 풀을 베는 것과 같다."

보량이 웃으며 말했다.

"낭군은 무리를 다스리는 데는 능하나 스스로는 통제하지 못하는 것이 문제입니다."

양도 또한 웃으며 말했다.

"누가 나의 처가 질투하지 않는다고 하겠는가? 나는 낭정에서 손을 뗄 것이다."

이에 부제 군관에게 풍월주를 물려주며 말했다.

"너는 장중하고 능히 자제할 수 있으니 나보다 낫다."

양도는 4년간 풍월주로 있으며 수많은 오랜 폐습들을 개혁했으니, 공이 없다고 할 수 없다. 그러나 양도는 사람에 대한 좋고싫음이 너무 분명하여 마음속에 화가 나면 끝까지 허락하지 않았다. 그래서 아랫사람들이 언제나 전전긍긍했다.

양도가 풍월주가 되었을 때 부제 자리를 놓고 문충과 선제 등이 다투었으나, 양도는 염장의 아들 윤장을 부제로 삼겠다고 혼자서 결정해버렸다. 윤장은 누이인 춘화가 양도의 애첩이었는데, 어리고 경박하여 총애를 믿고 법을 여러 번 어겼다. 이에 염장이 명하여 부제에서 물러나게 했다.

문충 등 4명이 다시 부제를 다투었지만 양도는 이번에도 혼자서 결정하여 군관을 부제로 삼았다. 여러 상선들이 허락하지 않자 양도는 이렇게 반발했다.

"보현궁의 대를 잇는 손자가 부제가 되지 못하면 누가 될 수 있습니까?"

그리고 자신의 첩인 천운을 군관에게 시집보냄으로써 자신의 뜻을 굳게 했다. 예전에 군관의 누나 명란이 양도와 사사로이 정을 통했는데, 양도는 이미 보량을 아내로 맞았기에 명란은 장명에게 시집갔다. 그러나 장명이 양도보다 못하므로 어머니 석명을 원망했다. 석명은 양명과 아버지가 다른 언니였다.[97] 군관이 이에 장명을

---

97   양도의 어머니는 양명이고 군관의 어머니는 석명이다. 양명과 석명의 어머니는 보명이다. 양명의 아버지는 진평대왕이고 석명의 아버지는 진지대왕이다.

설득하여 명란을 양도에게 돌려보냈다. 이에 양명은 군관을 현명하게 여겨 발탁했던 것이다. 사람들이 모두 비방하여 말했다.

"남의 부인을 첩으로 삼고 중매한 자를 발탁했다."

이렇게 발탁 과정에서 잡음이 많았지만 군관은 침착하고 큰 지략이 있어 아래위를 잘 복종시켰다. 군관은 양도를 하늘같이 떠받들었고 출입함에 반드시 서로 의지했다. 군관은 용기가 있어 전쟁을 잘했기에, 군관 덕분에 양도의 공훈도 높아졌다.

『삼국사기』에는 양도의 출전이 두 번 기록되어 있다. 661년(무열대왕 8년)에 백제의 부흥군이 사비성을 침공하자 대왕이 이찬 품일장군을 필두로 많은 장수를 보내 사비성을 구원하게 했다. 파진찬 양도는 부장의 한 명으로 출전했으나 신라군은 이 싸움에서 패퇴하고 말았다.

그해에 무열대왕이 세상을 떠나고 문무대왕이 즉위했다. 다음 해인 662년에 당나라가 고구려를 치므로 대왕은 김유신·김인문·양도 등 10명의 장군에게 군량을 평양으로 운반하도록 명했다. 평양가까이 이르러 양도는 당나라 군영에 양곡을 무사히 전달하였으나당군은 갑자기 철수하고 말았다.

669년(문무대왕 9년)에 대왕의 명으로 각간 흠순이 당나라에 사신으로 갈 때, 양도와 군관 두 사람이 동행하다가 도중에 점장이를 만나 점을 치니 말했다.

"두 분 공은 모두 장군과 재상의 운을 가졌습니다. 단지 명이 아닌데 죽겠습니다."

양도가 웃으며 말했다.

"대장부는 말가죽으로 송장을 싸야지 아녀자의 손에 죽지 않는다. 진실로 당연하다."

다음 해 당 고종이 흠순 등 신라의 사신을 돌려보냈으나 양도는 그대로 감옥에 가두었는데, 양도는 과연 당나라의 감옥에서 죽고 말았으니 점장이의 말이 적중한 셈이다. 군관은 점이 신통함을 알고 소심해지고 공손했다. 그럼에도 졸지에 흠돌[98]의 반역 사건에 연루되어 681년(신문대왕 원년)에 사약을 받고 말았다.

여기서 문무대왕의 업적에 대해 알아보자.

위에 흠순과 양도를 당나라에 보낸 것은 사죄사로 당 고종을 달래기 위함이었다. 668년에 신·당 연합으로 고구려를 멸망시켰는데 당나라는 고구려 땅에 안동도독부를 두어 다스렸다. 그 전에 백제를 멸망시켰을 때도 백제 땅에 웅진도독부를 두어 다스리고 있으므로 신라는 전승국으로서 닭 쫓던 개 지붕 쳐다보는 식으로 아무 것도 얻은 것이 없었다.

이에 대왕은 백제의 땅과 유민들을 거두어들였는데 당 고종이 분노하므로 사죄사를 보낸 것이었다. 그런데도 고종의 분노가 덜 풀려 양도는 억류시키고 흠순만 귀국시켰다. 문무대왕은 당나라에 대항하여 실력으로 옛 백제와 고구려의 땅을 회복하기 위해 총력을 기울였다. 대왕은 우선 670년(문무대왕 10년)에 고구려 부흥군 검모잠이 왕으로 추대한 안승(연정토의 아들)을 고구려왕으로 책봉하여 고구려 유민을 배후 세력으로 삼았다.

---

98 뒤에 27세 풍월주로 나온다.

다음 해인 671년에는 당나라에 대한 무력 행동의 첫 시도로 장군 죽지(제2부 '죽지' 참조)를 백제 가림성으로 보내 당군의 군량이 될 벼를 밟아버리고, 당군과 석성에서 싸워 5,300명을 베고 장군들을 사로잡았다. 이에 대당총관 설인귀는 대왕에게 회유하는 장문의 글을 보냈는데 거기에는 이런 말도 있다.

"형(문무대왕을 말함)은 역적이 되고 아우 김인문은 충신이 되었으니 (중략) 도리어 안승에게 외원을 의지하니 (중략) 어리석은 일은 행여 그만두어야 할 것입니다."

대왕은 장문의 답신에서 당나라가 당초 평양 이남과 백제의 땅을 주기로 한 약속을 어겼으며, 당군 1만 명의 의복과 식량을 4년 동안이나 신라에서 제공했으며, 신라가 반역한 것이 아니라 억울하게 당나라에 희생되어 죽을 지경에 이르렀다는 등의 사정을 알렸다. 한편으로 당군에 대한 공세를 계속하여 당의 수송선 70여 척을 격파하고, 고구려와 더불어 고간의 군사를 평양 부근에서 쳐부수어 수천의 목을 베고 퇴각시켰다. 673년에는 당병이 말갈·거란과 북변에 침입하므로 아홉 번 싸워 모두 이겨 2,000여 명을 베었다. 또 대왕이 고구려 유민을 거두어들이고 백제의 옛 땅을 계속 점거하였다.

당 고종이 크게 노하여 674년에 조서를 보내 대왕의 관작을 박탈하고, 당나라에 있던 대왕의 아우 김인문을 신라왕으로 삼아 귀국하게 했다. 그리고 유인궤를 계림도대총관으로 삼아 쳐들어왔다. 675년 유인궤가 칠중성에서 신라군을 파하고 철수한 뒤 이근행이 안동진무대사로 신라를 경략하게 하므로, 대왕은 사신을 보내 공물을 바치고 사죄하니 고종은 대왕의 관직을 회복시켰다.

하지만 문무대왕은 여전히 백제의 땅을 많이 빼앗고 고구려의 남쪽 경계도 쳐서 주·군으로 삼았다. 이에 당병이 거란과 말갈병과 함께 침입하므로 대왕은 9군을 내어 방비했다. 이 해에 설인귀가 천성으로 쳐오므로 장군 문훈이 싸워 이겨 1,400명을 베고 병선 40척을 빼앗고 전마 1,000필을 얻었다. 또 이근행의 군사 20만이 매초성에 주둔하고 있었는데, 신라군이 이를 쳐 퇴주시키고 전마 3만 380필을 얻었다. 이와 같이 한 해에 18회나 당병과 충돌하였으나 모두 이겼다. 676년에도 싸움은 계속되어 설인귀와 소부리주의 기벌포에서 대소 22차례나 싸워 이기고 4,000여 명의 목을 베었다.

신라군이 거의 모든 싸움을 이김으로써 문무대왕은 백제의 옛 땅과 고구려의 남쪽 땅이나마 차지하였다. 대왕의 과감한 결단과 신라 무장들의 불퇴전의 용기가 그 원동력이었을 것이며, 그 기초가 된 것은 화랑을 통해 연마한 무술과 강인한 정신력이었다고 하겠다. 문무대왕은 재위 21년(681)에 세상을 떠나니 유언에 따라 동해 어귀의 큰 바위에 장사지냈다. 세상에 전하기를, 대왕은 용이 되어 나라를 지킨다고 하여 그 바위를 대왕석이라고 했다. 대왕은 유조의 끝에 이렇게 말했다.

"변성을 지키는 일과 주·현의 세금은 그것이 요긴하지 않은 것은 마땅히 헤아려 폐지하고, 율령의 격식으로 불편한 것이 있으면 곧 편리하게 고치도록 하라."

끊임없는 전쟁으로 피폐해진 민생을 어루만지려는 대왕의 따뜻한 마음이 느껴진다. 외세에 의지하여 삼한의 통일을 추진할 수밖에 없었지만, 모든 것을 중국에 빼앗길 수도 있는 상황에서 이를 잘 지켜낸 문무대왕은 아마도 신라의 가장 위대한 대왕이라 평가될 수 있을 것이다.

양도의 이야기로 돌아와, 그는 일곱 아들과 몇 명의 딸이 있었고, 의붓아들과 딸이 각각 10여 명 있었다. 군관 또한 양도의 누이 둘을 아내로 맞아 아들 18명을 두었는데, 흠돌의 사건에 많이 연루되었다. 양도의 처 보량은 남편이 전사한 것으로 잘못 듣고 칼에 엎드려 죽었다. 양도의 세 아들과 두 딸은 불가의 노비가 되었다. 양도의 가풍을 짐작할 수 있다.

23세 군관

23세 풍월주 군관(軍官)은 동란과 석명공주 사이에서 태어났다. 석명은 진지대왕의 딸로서 처음에 진평대왕을 섬겨 두 딸을 낳고 궁을 나왔다. 그때 동란은 음성서(音聲署)[99]의 장이었는데, 향가를 잘했다. 석명이 동란에게 가무를 배웠다. 서로 사랑하게 된 두 사람은 딸 석란을 낳았다. 대왕이 허락하여 혼인을 했으나 동란은 석명을 감히 아내로 대하지 못하고 군으로 섬겨 자녀를 계속 낳았다. 군관은 네 번째 태어난 자녀다.

군관은 양도보다 3살이 어렸는데, 인품이 넉넉하고 후덕하여 지소태후의 전형(典型)이 있었다. 15살에 이미 활쏘기에 능하고 힘이 세어 당할 사람이 없었고, 병서를 즐겨 읽어 큰 그릇이 될 조짐이

---

99   향가를 맡은 관청으로 예부에 속했다.

보였다. 석명이 말했다.

"내가 해마의 꿈을 꾸고 이 아이를 낳았다. 반드시 우리 집의 천리마가 될 것이다."

군관은 어려서부터 양도를 따라 놀기를 좋아했다. 예전에 석명이 진평대왕의 후궁으로 있을 때 양명과 함께 살며 3생의 자매가 되기로 약속하고 아들을 낳으면 함께 아들로 삼기로 했다. 이에 이르러 석명이 양명에게 말했다.

"우리 자매의 마음을 이 아들이 통했다."

석명이 군관에게 명하여 양도와 더불어 3생 형제가 되기로 약속하게 했다. 양도가 자리가 오르면 반드시 군관을 자기가 있던 자리에 이끌어 앉혔다.

그때 윤장 또한 양도의 사랑하는 아우로서 군관과 나란히 섰다. 군관은 자신이 그 세를 당하지 못함을 알고 모든 일을 윤장에게 양보했다. 윤장은 군관과 동갑이었지만 생일이 한 달 빨랐으므로 군관이 형으로 섬겼다. 윤장은 색과 재물을 탐하는 성품 때문에 종실의 여자나 유화를 많이 범했으므로, 여자와의 사사로운 관계로 인해 죄 없는 사람에게 허물을 돌렸다.

윤장의 여자문제는 궁중에까지 소문이 퍼졌다. 염장은 군관에게 죄를 다스리게 했다. 그러자 양도는 군관을 이끌어 부제로 삼고 보량과 함께 낭정을 다스리게 했다. 군관은 일을 신중히 처리하고 한결같이 양도의 마음의 법을 따랐다.

그때 양도가 사랑하던 신하로 찰의라는 사람이 있었는데, 찰의는 미모에 아양을 잘 부려 보량과 내통하면서 많은 일을 멋대로 처리했다. 이에 군관이 칼을 뽑아 찰의의 목을 베려 하자 찰의가 복도에 달려 들어가 감히 나오지 못했다. 보량이 말했다.

"이 병아리를 죽이면 우리 부부에게 누가 미칠까 두렵습니다."

이로부터 찰의는 감히 다시 낭정에 대하여 말하지 못했다. 그때 사람들이 통쾌하게 여겼다.

군관의 성품은 주색을 좋아하지 않았으므로 사람들이 감히 그 사생활을 엿보지 못했다. 보량은 늘 말했다.

"군관은 진정으로 우리 부부의 신하이다."

선덕여왕이 일찍이 궁정의 연회에서 조용히 보량에게 말했다.

"듣건대 너의 사랑하는 아이가 아름답다는데 과연 어떠한가?"

보량이 대답했다.

"신이 듣건대 천자(天子)는 신하의 사적인 일은 묻지 않는다고 합니다. 폐하께서 만약 굳이 물으시면 신첩에게 개인적 신하가 하나 있으니 보여드리겠습니다."

보량이 다른 날 군관을 데리고 뵈었다. 여왕의 뜻이 찰의에게 있었는데 군관을 뵙게 한 것이다.

여왕이 군관에게 물었다.

"사람들이 너를 아름답다고 하는데 무슨 재주가 있느냐?"

군관이 말했다.

"신의 아름다움은 외모에 있지 않고 단지 마음속에 있습니다."

여왕이 물었다.

"네 마음속에 무슨 아름다움이 있는가?"

군관이 말했다.

"신은 보량 부부를 위해 죽기를 원하고 보량 부부는 폐하를 위해 죽기를 원합니다. 이른바 아름다움이란 오로지 이것뿐입니다."

여왕이 그 착함을 칭찬하여 음식을 내리고, 보량을 돌아보며 말했다.

"네가 데리고 있는 한 아이가 나의 열 아이보다 낫다. 잘 기르기를 바란다."

처음에 염장의 누이 천장은 수품에게 시집가서 딸 천운을 낳았는데, 경국지색(傾國之色)이었다. 천운의 동생 천광 또한 얼굴이 아름답고 재주가 많아 양도의 사랑하는 신하가 되었다. 양도가 마음으로 천운을 그리워하여 천장에게 몸소 청하여 둘째 부인으로 삼고, 사랑하여 잠시도 떨어지지 않았다. 보량이 그것을 걱정하니 군관이 이에 처첩의 도로써 간했다. 양도가 이에 천운을 군관의 처로 삼게 했다. 군관이 사양했으나 어쩔 수 없었다.

천광 또한 군관에게 속하게 되었다. 군관이 풍월주가 되자 양도가 천광을 부제로 삼으라고 명했다. 군관이 말했다.

"처의 동생을 이끌어주었다는 여론이 있을까 염려됩니다."

양도가 말했다.

"네가 그렇게 한 것이 아니라 내가 명한 것이다."

군관은 어쩔 수 없이 천광을 부제로 삼았으나 천운에게 이렇게 말했다.

"당신은 화주가 되었고 당신의 동생은 부제가 되었으니 낭도들이 내가 사적인 것을 좋아한다고 생각하여 믿지 않을 것이다."

천운이 웃으며 말했다.

"낭군 또한 풍월주의 첩의 동생이 아닙니까? 우리들의 살갗 한 점, 머리털 한 올도 풍월주의 은혜가 아닌 것이 없습니다. 어찌 감히 풍월주의 명을 어길 수 있습니까? 낭군은 다만 조심하여 명을 받들면 됩니다. 그리고 천광이 제멋대로 행동하지 못하게 하면 또한 옳지 않겠습니까?"

군관이 "그대의 말이 옳다."고 했다.

군관은 풍월주로 4년간 있으며 오로지 명을 받드는 데 주력하여 한결같이 양도의 옛 정치를 따랐으며, 낭두를 내치거나 올릴 때 조금만 변화도 없이 조용히 지나갔다. 그러나 양도의 낭정은 모두 보량에게서 나왔다. 천운이 비록 화주로 있었지만 실제로는 빈 그릇을 끌어안고 있었다. 불평하는 낭도들이 노래를 지어 이렇게 비방했다.

　　보량의 문중에는 사람이 구름과 같고
　　천운의 집 위에는 흰 구름이 지나간다.

천광이 매번 보량의 사사로운 행동과 낭두들의 불평하는 상황을 말하면, 천운이 꾸짖어 말했다.

"네가 감히 은혜로운 주인의 흠을 말하는가?"

천광이 말했다.

"그 은혜를 갚으려고 흠을 보이지 않으려는 것입니다."

군관이 천천히 달래어 말했다.

"네 누나와 나의 견해는 서로 같다. 머지않아 네가 풍월주가 되

면 네 마음대로 하겠지만 지금은 우리 부부의 흠을 보이지 않는 것
이 좋다.”

이로써 천광은 감히 한 가지 일도 말하지 못했다.

군관은 장중하고 큰 뜻이 있어 작은 일에 얽매이지 않았다. 노
여움에 떨면 천둥번개가 치는 것같았으나 안으로는 실로 부드럽고
따뜻하여 부인을 감동시켜 울게 할 정도였다. 역대 풍월주들이 모
두 낭두의 처와 딸들을 거느렸으나, 군관 부부는 지극히 화목하여
군관이 유독 한 번도 다른 여인을 사랑하지 않았다. 그때 사람들이
풍자하여 이렇게 말했다.

하늘의 구름(天雲)은 높고 높아
인간의 비가 되기 어렵구나.

비록 그렇기는 하나 군관과 양도가 모두 선덕여왕을 곁에서 모
셨기에 벼슬을 뛰어넘어 받았는데, 배운 사람들은 그것을 단점으로
여겼다.

『화랑세기』는 군관에 대해 이렇게 썼다.

“국가에 혁혁한 공을 세웠으나 하루아침에 원통함을 머금었
다. 오호라! 푸른 하늘이여 이 무슨 업의 뿌리인가?”

『삼국사기』를 보면 군관은 664년(문무대왕 4년)에 한산주 도독이 되
었으며, 장군 김인문 등과 함께 고구려의 돌사성을 쳐서 격멸하였

다. 668년 신·당 연합으로 고구려를 정벌할 때에는 한성주총관으로 전투에 참가하여 평양성을 쳤다. 670년에는 문영과 함께 백제 부흥군을 쳐 12성을 공취하고 7,000명을 참살했다. 그리고 680년에는 최고의 관직인 상대등에 올랐다.

위『화랑세기』에서 '하루아침에 원통함을 머금었다'고 한 것은, 군관이 상대등이 된 다음 해인 681년에 뒤에 나오는 27세 풍월주 흠돌의 모반 사건에 연루되어 죽은 일을 말한다.『삼국사기』에 의하면 681년(신문대왕 원년)에 모반의 주동인 흠돌 등 3인을 죽인 후, 이찬으로 병부령이던 군관에게 교서를 내려 자진하게 했는데 그 죄목은 이렇다.

"적신 흠돌 등과 교섭하며 그들의 역모 사실을 알면서도 이를 일찍 알리지 않았다."

다소 억울한 면도 있지만 병부령의 중책에 있던 군관이었으므로 피할 수 없는 일이라 하겠다.

24세 천광

24세 풍월주인 천광(天光)은 수품의 아들인데, 얼굴이 꽃처럼 아름답고 교태가 여인 같았다. 말은 친절하고 행동은 단아했지만 의협심이 강해서 강자를 누르고 약자를 도왔으며, 자신의 뜻을 과감하게 실행하는 실천력이 있었다.

천광은 흠순이 풍월주 자리에 있을 때 14살의 나이로 화랑이 되었는데, 양도가 천광을 보고 마음에 들어 하여 양도에 속하는 사랑하는 신하가 되었다. 그래서 양도는 자주 천광의 집에 놀러가서 자곤 했다. 양도가 가면 천광의 어머니 천장부인(염장의 누이이기도 하다)과 누나 천운은 그를 맞아 이야기를 나누며 즐겼는데, 그러다 보면 동이 훤하게 터올 때가 많았다. 마침내 천운은 양도에게 시집을 갔다.

양도는 천장부인의 은혜를 갚으려고 군관에게 천광을 부제로 삼으라 명했다. 또한 양도는 천광에게 춘화의 누이 윤화와 결혼을 명했기에, 천광이 부제가 되자 윤화는 화주가 되었다. 예전에 윤장의 아우 하장이 부제 자리를 놓고 천광과 경쟁했으나 이루지 못했는데, 양도가 천광에게 명하여 하장의 아우 춘장을 부제로 삼게 했다. 춘장은 윤화의 오라비이다.

윤화의 어머니 하희는 하종의 딸이다. 그 어머니 은륜공주는 사도태후의 딸이었기 때문에 개인 재산이 많았다. 윤화가 그것을 얻어 천광에게 시집을 갔기에 급한 사람에게 쓰기에 넉넉했다.

염장 이후 낭정이 가야파에게 많이 돌아갔으므로 진골과 대원에는 출세하지 못한 자들이 많았기에, 천광이 한탄하여 그들을 발탁했다. 양도와 군관 때 염장의 마복자들이 낭두로 많이 등용되었다. 이때에 이르러 천광이 그들을 많이 물리치며 말했다.

"낭두는 낭정에 중요한 자들이다. 어찌 나의 늙은이(염장을 말함)만 홀로 중하고 낭정은 중요하지 않다는 것인가?"

쫓겨난 자들이 모두 염장을 찾아가 천광의 허물을 말했다. 염장이 웃으며 말했다.

"너희가 새 풍월주를 의지하지 않으면 낸들 어쩌겠는가?"

그때 가야파의 우두머리 찰인은 나이 60이 넘었는데 아직 대노두로 있었고, 처첩과 자녀가 백을 헤아렸으며 출입하고 기거함이 상선과 같았다. 그의 아들 찰두와 찰석 모두 도두가 되었는데 각기 첩이 수십 명이었다. 그 아들과 사위 중에서 낭두들이 많이 나왔고 대도두 당보 또한 찰인의 사위로, 그 막내아들 찰의가 양도의 사랑하는 아이가 되는 등, 권세를 당할 자가 없었다.

찰인의 처 옥두리가 절색으로 역대의 상선을 섬긴 까닭에 높은 자리에 이르렀던 것이다. 천광은 평소 찰인을 미워했다. 이에 이르러 먼저 찰인을 파면하고 진골정통의 옛 낭두 만덕을 대도두로 삼았으며, 당보도 대노두로 삼았다. 당보는 당두의 아들로 대원신통파였다. 그러므로 가야파가 크게 놀라 다투어 상선에게 가서 보호를 요청했다.

천광은 보호 요청을 들어주기는커녕 오히려 새로운 규칙을 정했다. 대노두는 60살, 대도두는 55살, 도두는 50살, 대두와 상두는 45살, 낭두와 대낭두는 40살까지로 제한했고, 별장은 각기 그 지위에 따르게 했다. 인원은 3파를 고루 등용하여 사적인 치우침이 없게 했고, 망두는 재능과 도량에 따르며 마복자를 논하지 않게 함으로써 신진의 문을 크게 열었다. 인심이 크게 흡족해했다.

그때 나라 일이 점차 어려워졌다. 천광과 여러 낭두들이 낭도를 거느리고 친히 활쏘기와 말타기를 익혔고, 모인 자들을 선발하여 병부에 보충했다. 덕분에 천광이 풍월주 자리에 있던 5년 동안 낭정이 무예로 많이 돌아왔다.

선덕여왕이 몹시 위독해지자 비담과 염종이 모반을 일으켰다. 유신이 새 풍월주 천광을 도와 싸움을 독려했다. 그때 서울의 군사가 적어 천광이 낭도들을 모두 동원하여 먼저 그 진지로 돌격했다. 비담이 패하여 달아나고 난이 평정되었다. 천광은 이 공로로 발탁되어 도성을 지키는 호성장군이 되었다.

천광은 풍월주를 부제 춘장에게 전하고, 오로지 대왕의 일에 힘써 변방에 나가 장군이 되고 조정에 들어와 재상이 되어 많은 공적

이 있었기에, 나라를 중흥시킨 장수 28명의 한 사람이 되었다.[100]

천광의 성품은 외유내강하고 사리를 밝게 살폈으며 선비와 백성을 사랑하고 구제하여 옷을 벗어주기도 했다. 술은 즐기되 많이 하지 않았고 색을 좋아했지만 방사(房事)에 어지럽지 않았다.

윤화부인은 자녀 7명을 낳았다. 천광의 다른 부인은 5명이 있었는데 진수는 진복의 누이이고 효월은 효종의 딸이며 경화는 윤화의 누이이다. 찰언은 찰의의 누이이고 만수는 만덕의 딸이다. 각각 자녀가 있어 집안이 크게 번창했다.

찰인은 비록 그 지위를 잃었지만 딸을 천광에게 바쳤고, 그가 지극히 공적이고 사심이 없음을 알았기에 감히 원망하거나 허물을 탓하지 않고, 그 자손을 타일러 이렇게 말했다.

"새 풍월주(천광)는 진실로 세상에 드문 영웅이다. 우리들이 어찌 일시 잃는 것으로 감히 마음에 원한을 품겠는가? 기쁜 것은 이 훌륭한 화랑을 얻었으니 우리 외손자를 낳아 기르면 우리 가족이 또한 번창할 수 있다."

이로써 3파가 화합하고 좋아하여 서로 혼인하고, 모두 천광의 덕을 칭송했다.

---

100 『삼국사기』〈문무대왕 8년(668)〉조에 고구려를 치기 위해 김유신 외에 28명의 장군을 총출동시켰는데 이들을 말한 것이다. 천광은 이때 서당총관으로 출정하여 당나라 군사와 함께 평양성을 포위공격했다. 고구려가 항복하자 당의 장군 이적이 보장대왕과 왕자들 및 대신 등 20여 만 명을 데리고 귀국할 때 각간 김인문이 따랐으며, 천광 등 5명도 그들을 수행했다. 천광은 673년에 예원에 이어 중시(中侍)가 되었다.

25세 춘장

25세 풍월주 춘장(春長)은 17세 염장의 셋째 아들이다. 성품이 너그럽고 어질어 덕을 좋아했으며, 윗사람을 지성으로 받들고 일을 자기 뜻대로 하지 않았다. 천광의 누이 천봉을 아내로 맞아 화주로 삼았다. 낭정은 한결같이 천광의 명에 따라 행했으며, 천광의 명으로 찰두를 대도두로 삼고 만덕을 대노두로 삼았으므로 가야파의 세력이 점차 다시 창성하게 되었다. 부제 진공은 천광의 애첩 진수의 동생이다.

춘장은 낭정을 진공과 찰두에게 맡기고, 매일 부인과 함께 술을 마시며 세월을 보냈다. 천봉부인이 말했다.

"나의 오라버니(천광)가 풍월주로 있을 때는 아침부터 밤까지 바빴는데 낭군이 풍월주가 되고는 낮에도 일이 없으니 무슨 까닭입니까?"

춘장이 웃으며 말했다.

"바쁘다면 스스로 바쁜 것이고 한가하다면 스스로 한가한 것이지 일찍이 어찌 추호의 가감이 있겠는가?"

그러나 춘장은 집에서는 근검으로 자제를 훈계했다. 매번 부부가 함께 낭두의 처와 딸들을 독려하여 출전한 낭도들이 입을 옷을 만들어 보냈다. 몰래 서울과 시골로 다니며 가난하고 고달픈 사람을 구휼했다.

풍월주로 6년 있다가 진공에게 물려주고 창부(倉部)로 발탁되어 들어갔다. 곧 집사부로 옮겼는데 그 일이 맞았으므로 여러 번 승진하여 책임자인 중시(中侍)가 되었다. 춘장은 늘 스스로 겸손하게 말했다.

"나와 같은 사람을 가히 일러 행운아라고 할 수 있다. 한 가지 재능도 없이 단지 부형과 상선들의 음덕에 의지했을 뿐이다."

공적을 스스로 내세운 적이 없었다.

기상이 천주공과 닮은 점이 많았다. 그러므로 천장이 늘 천봉에게 이렇게 말했다.

"너의 지아비는 형(염장)을 닮지 않고 나와 몹시 닮았고, 너는 네 아버지를 닮고 나를 닮지 않았다. 너희 부부는 도리어 우리 부부와 흡사하다."

그 말이 빈 말이 아니었다. 춘장은 일찍이 보종의 청결함을 사모하여 덕을 세우는 표준으로 삼고 틈이 나면 반드시 화주와 같이 몸소 그 사당에 나아가 절하며 기도하고 돌아왔다. 보량을 섬기기를 어머니를 섬기듯이 하여 청하는 것은 들어주지 않는 것이 없었다.

보량은 이에 딸 양시를 춘장에게 주어 부인으로 삼았고 다른 잡다
한 여자는 없었다. 춘장의 행실은 선문의 사표가 될 만했다.

26세 진공

26세 풍월주 진공(眞功)은 사린의 아들이다. 예전에 미실이 진흥대왕을 섬겨 반야공주와 수종전군을 낳았다. 천광은 반야공주의 정실 손자이고, 사린은 수종전군(후에 사진으로 고침)의 아들이다. 그러므로 진공과 천광은 재종형제가 된다.

반야가 일찍이 수종에게 말했다.

"어머니(미실)는 자녀가 많지만 같은 아버지의 남매는 너와 나뿐이다."

이에 대대로 서로 저버리지 않기로 약속했다. 그러므로 수품 또한 사린을 사랑하기를 같은 배에서 난 형제처럼 했다. 사린의 어머니 호린은 호림의 누나이다. 사린은 처음에 임종의 대사(大舍)가 되었는데 임종의 첩 호명과 정을 통하여 딸 진수를 낳았다. 임종이 이에 호명을 사린의 처로 삼게 하여 진공을 낳았다.

진공은 문장에 능했고 풍채가 있으며 기묘한 꾀를 좋아했다. 군사에 대한 이야기를 잘 했으며 또한 군세고 용맹하여 무리를 다스리기에 족했다. 반면에 색을 좋아하고 탐욕스러우며 사사로운 비밀을 많이 행하여 인망에 미흡했다. 찰두와 결탁하여 찰두의 세 딸을 부인으로 삼았다. 또한 찰두의 아들 승의 처 대씨(大氏)를 첩으로 삼았다. 찰·대 두 집안의 처와 딸 중 아름다운 자들은 모두 공부(供簿)에 올랐다.

이에 앞서 진공과 달복의 아들 흠돌이 사이가 좋았다. 흠돌의 누나 흠신이 보로전군에게 시집가 두 딸을 낳았는데 아름다웠다. 진공과 흠돌이 꾀를 써서 흠신의 두 딸과 정을 통했으나 흠신과 보로전군은 알지 못했다. 흠신의 어머니 정희는 곧 유신의 누이인데, 진공의 무례함에 노하여 유신에게 고하여 벌주려고 했다. 흠돌은 크게 두려워하여 곧 찰의에게 많은 뇌물을 주어 보량을 설득하게 했다. 보량이 이에 알아듣고 정희를 제지하며 말했다.

"폭로하면 단지 나의 자녀가 상처만 입지만 감추면 곧 물방울처럼 스스로 없어질 것입니다. 어찌 깊이 생각하지 않습니까?"

정희가 곧 멈추었다. 이때부터 진공은 더욱 거리낌이 없었다.

흠신은 또한 진공이 영웅답고 용맹스러워 보로를 버리고 진공에게 돌아가려고 했다. 진공은 이에 사람을 시켜 보로를 설득하여 말했다.

"흠신은 병이 있으니 버리고 다시 좋은 여자를 아내로 맞는 것이 좋다."

보로는 그렇게 생각하고 유신의 셋째딸 작광을 맞이하여 아내로 삼았다. 진공은 이에 흠신을 처로 삼았고 풍월주가 되자 화주로 삼았다. 논자들이 옳지 않다고 여겼다. 진공은 개의치 않고 아울러 흠돌을 부제로 삼았다. 흠돌은 마음이 험악하고 간사한 꾀가 많아 사람들이 모두 꺼렸다.

그때 가야파가 크게 성하여 찰씨 일문에서 낭정을 모두 장악했다. 찰의는 도두별장인데 대도두로 행세했다. 흠돌은 찰의와 죽음을 같이 할 친구가 되기로 허락했다. 찰의가 보량과 통하고 진덕여왕을 알현했다. 여왕이 벼슬을 올려주고 총애했다.

이에 앞서 흠돌은 자의의 아름다움을 듣고 보룡의 과문함을 속여 자의를 첩으로 삼으려 했으나 보룡이 막았다. 얼마 되지 않아 보룡이 당원전군을 낳았다. 흠돌은 사람을 시켜 보룡의 추함을 떠들게 하여 위협했다. 보룡에게 무열대왕의 총애가 있음을 알지 못했기 때문이다.

자의가 태자비가 되자 흠돌은 장차 화가 미칠까 두려워, 사람들로 하여금 자의가 덕이 없다고 험담하여 궁지로 몰았다. 그때 흠돌은 문명황후의 조카였으므로 권세가 안팎으로 압도했다. 자의궁은 마음을 졸이며 조심했다. 흠돌이 문명황후를 설득하여 말했다.

"자의가 후일 황후가 되어 아들을 태자로 세우면 대권이 진골에게 다시 돌아갈 것이므로 가야파는 위태롭습니다. 신광을 일찍 태자비로 삼아 우리 집안을 편안하게 하는 것만 못합니다."

신광은 유신의 딸로 태자의 빈(嬪)이 된 사람이다.

27세 흠돌

신광의 언니 진광은 흠돌(欽突)의 부인이었다. 그러므로 흠돌은 유신의 공을 핑계대서 말했으나 속으로는 자기의 무리를 굳게 하려 했다. 문명황후는 흠돌에게 거의 기울었으나 태자가 받아들이지 않아 흠돌의 계책은 마침내 깨어졌다. 진공은 풍월주에 5년간 있다가 흠돌에게 물려주었다. 그때 태손 소명전군[101]이 이미 태어났고 무열대왕은 자의의 현숙함을 매우 사랑했다. 흠돌은 감히 다시는 그 계책을 말하지 못했다. 이에 보룡궁에 정성을 바치고 자기 딸을 순원의 첩으로 들이기를 청했다. 보룡궁은 그의 속임수를 두려워하여 좋은 말로 거절했다. 흠돌은 다시 사람을 시켜 야명궁과 오기에게 정성을 바치고 전의 악행을 덮으려 했다.

---

101   문무대왕의 아들로서 후일 뒤를 이은 신문대왕이다.

그때 야명 또한 인명전군을 낳았는데 준수하고 용과 봉황의 모습이 있었다. 태자가 매우 사랑했다. 흠돌이 스스로 인명의 신하가 되기를 원한다고 말했다. 야명이 부득이 받아들였다. 그때 순원이 흠돌에게 속아, 비밀히 흠돌의 딸과 사사로이 통했다. 그러므로 흠돌을 위하여 야명을 설득한 것이다.

무열대왕이 세상을 떠나고 문무대왕이 즉위하자 자의를 황후로 삼았다. 자의황후는 흠돌의 악함을 알았으나, 문명태후에게 효도했으므로 한마디도 입 밖에 내지 않았다.

이에 앞서 흠돌은 호원의 아들 흥원을 부제로 삼았다. 애초에 태양공주가 진평대제를 섬겨 태원과 호원을 낳았는데 대왕을 닮지 않았다. 태양공주는 어릴 적에 동륜과 금륜 두 태자를 섬겼는데 사사로이 신하를 좋아했다. 대왕을 섬길 때도 또한 그랬다. 그러므로 두 군(태원과 호원)은 계통을 얻지 못했다. 흥원은 대왕의 계통이 손자인 자기에게 있다고 혼자 생각하여 조정을 원망하고, 누이를 흠돌의 부인으로 삼아 결탁했다.

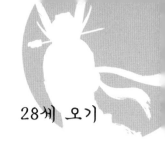

28세 오기

흠돌은 야명궁에 정성을 바치게 되자 오기(吳起)에게 풍월주를 전하고자 흥원을 계책으로 꾀어 양보하게 했다. 오기는 낭정이 무너졌기에 받지 않으려 했다. 진골파 낭두들이 머리를 땅에 두드리고 피를 흘리며 따져 말했다.

"공이 나아가지 않으면 신 등이 장차 모두 자멸할 것입니다."

자의황후 또한 나아갈 것을 권하여 마침내 오기가 풍월주를 받았다. 흠돌이 7년간 풍월주로 있다가 비로소 취임하니 실제 28세 풍월주이다.

이때 낭정이 이미 어지러워 단숨에 바로잡기는 힘들었다. 진공·흠돌·흥원 등이 모두 낭도 사병(私兵)을 거느리고 낭정을 마음대로 했기 때문이다. 오기는 바로잡을 수 없음을 알고 3년 동안 재위하고는 부제인 원선에게 물려주었다.

29세 원선

29세 원선(元宣) 또한 4년간 풍월주로 있다가 군관의 아들 천관에
게 물려주었다.

30세 천관

30세 천관(天官)의 아내는 곧 흠돌의 딸이다. 그리하여 낭정이 다
시 흠돌의 무리에게 돌아갔다. 천관은 8년간 풍월주에 있었다.

31세 흠언

흠돌(欽돌)의 아들 흠언이 천관을 이어 31세 풍월주가 되었다. 흠
돌의 첩 언원이 낳았기 때문이었다. 흠언은 홍원의 조카로 홍원의
딸을 화주로 삼았다. 5년간 풍월주로 있었다.

32세 신공

26세 풍월주 진공의 아들 신공(信功)이 대를 이었는데 흠돌의 조카로, 흥원의 딸 차홍을 화주로 삼았다. 수 년 내에 낭정은 한결같이 세 간악한 무리(흠돌·진공·흥원)에게 돌아갔다. 흠돌은 아첨하여 문명태후를 모셨다. 그리고 그 딸이 유신의 외손녀이므로 태자에게 바쳤다. 그러나 태자와 모후(母后)는 흠돌의 딸을 좋아하지 않았다.

이에 앞서 소명태자는 무열대왕의 명으로 흠운의 딸을 아내로 맞기로 약속했으나 태자가 일찍 죽었다. 흠운의 딸은 스스로 소명의 제주(祭主)가 되기를 원했다. 자의황후가 허락하니 이가 소명궁이다. 태자와 모후가 함께 여러 번 소명궁으로 거둥했다. 태자가 소명궁을 좋아하여 마침내 이공전군(후일의 효소대왕)을 낳았다. 황후가 이에 소명궁에게 명하여 동궁으로 들어가게 하고 선명궁으로 바꿔 불렀다. 총애함이 흠돌의 딸보다 크니 흠돌의 딸이 질투했다.

문명태후가 세상을 떠나자 흠돌 등이 스스로 그 죄가 무거운 것을 알고 두렵고 불안했다. 게다가 흠돌의 딸이 총애를 잃었다. 흠돌 등이 이에 모반을 꾀했다. 야명궁을 핑계 삼아 인명전군을 옹립한다고 했으나 실제로는 스스로 왕이 되려고 한 것이다.

문무대왕의 병이 크게 악화되자 오기가 북원으로부터 들어와 호성장군이 되었는데, 실제로는 자의황후의 명에서 나온 것이었다. 그때 진공이 호성장군이었는데 인부(印符)를 내어주지 않고 말했다.

"대왕이 병으로 누웠고 상대등이 문서를 내리지 않았는데 어찌 중요한 직책을 가벼이 넘겨주겠는가?"

진공이 물러서려 하지 않으니, 대개 적들의 모의가 이미 치밀했기 때문이었다.

문무대왕이 붕어했으나 비밀에 붙여 발설하지 않고 사람들을 시켜 비밀리에 서울 밖의 군대를 입성시켜, 흠돌 등이 군사를 동원하여 야명궁과 군관의 집을 포위하고 난을 일으키려 했다. 오기의 심복인 낭두가 그 계책을 신공에게 발설했다.

그때 시위삼도(侍衛三徒)[102]는 적들 편에 많이 서 있었다. 자의황후가 걱정했다. 오기가 이에 숭원·개원·당원·원수·용원 등과 더불어 비밀히 사병을 불러 들어가 호위하고, 삼도의 대감을 모두 파면하여 다스렸다. 흠돌 등이 크게 놀라 진격하여 대궁을 포위했다.

서불감 진복이 부하들을 이끌고 포위를 풀고 들어와 말했다.

102　세 궁월을 지키는 군대로 책임자는 대감이었다.

"서울 밖의 병력이 대거 이르렀다. 너희들은 적신에게 미혹되었으니 죽음을 면할 수 없을 것이다."

그때 흠돌 등이 그 무리를 속여 말했다.

"상대등 군관과 각간 진복이 문무대왕의 밀조를 받아 인명을 즉위시켰다."

그러나 군관이 움직이지 않았고 진복은 포위를 풀었으므로 무리들이 의심하여 서로 다투었다. 이에 큰소리로 왕에게 충성할 자는 오른쪽, 적을 따를 자는 왼쪽으로 서라고 했다. 무리 중에 오른쪽으로 간 자들이 많았다. 흠돌 등은 일이 이루어지지 않은 것을 알고 포위를 풀고 물러가려 했다. 오기 등이 병사를 풀어 대파했다. 서울 밖의 병력이 또 이르렀다. 적은 이에 스스로 세 간악한 무리를 사로잡아 바쳤다.

반란이 비로소 평정되고 삼도 중에는 이로써 죽음을 당한 자가 매우 많았다. 자의태후가 화랑을 폐지하라고 명하여 오기로 하여금 낭도들의 명단을 작성하여 모두 병부에 속하게 하고 직을 주었다.

그러나 지방의 낭정은 옛날 그대로 남아 있었다. 실직 지방에서 가장 성했으며 오래지 않아 그 풍속이 다시 서울에 점점 퍼졌다. 중신들이 모두 오랜 풍속을 갑자기 바꾸면 안 된다고 생각했다. 태후가 이에 득도하여 국선(國仙)이 되는 것을 허용했다. 이에 화랑의 풍속이 크게 변했다.

제2부

『삼국사기』와
『삼국유사』의
화랑들

미륵선화

진지대왕 때 흥륜사의 중 진자가 늘 불당의 주인인 미륵상 앞에 나아가 기도했다.

"우리 대성인께서 화랑으로 변신하여 세상에 나타나시어, 내가 높으신 모습을 언제나 가까이 뵙고 받들어 모시게 해주십시오."

정성으로 간절히 기도를 하던 어느 날 밤, 꿈에 스님 한 분이 나타났다.

"네가 웅천 수원사에 가면 미륵선화를 만나볼 것이다."

꿈에서 깨어난 진자는 놀랍고 기뻐 절을 찾아 열흘이나 걸어갔다. 한 걸음을 걸을 때마다 한 번씩 절을 하면서 나아가 마침내 절에 도착하니 문 앞에 고운 소년 하나가 기다리고 있었다. 소년이 반가운 표정으로 진자를 맞이하여 작은 문으로 들어가 객실로 안내했다. 진자가 객실로 올라가 인사하며 말했다.

"그대는 평소 나를 모르는데 어찌하여 이처럼 은근하게 맞이합니까?"

소년이 말했다.

"나도 역시 서울 사람입니다. 스님이 멀리서 오시는 것을 보고 위로하러 왔을 뿐입니다."

잠시 후 소년이 문을 나갔으나 간 곳을 알 수 없었다. 진자는 이것이 우연이라 생각하고 별로 이상하게 여기지 않고, 절의 중들과 더불어 자신이 꾼 꿈과 여기까지 찾아온 뜻을 이야기했다. 진자가 다시 물었다.

"잠시 끝자리에 머물며 미륵선화(彌勒仙花)[103]를 기다리고 싶은데 어떻겠습니까?"

절의 중들은 그의 마음이 어리숙한 것을 하찮게 여겼지만 그의 은근하고 진실된 태도를 보고 이렇게 말했다.

"여기서 남쪽으로 가면 천산이 있는데 예부터 어질고 밝은 분들이 머물며 깊은 생각이 많았다고 합니다. 거기로 가서 머무는 것이 좋겠습니다."

진자가 그 말에 따라 산 밑에 이르니 산신령이 노인으로 변하여 나와 맞았다.

"너는 무엇을 하러 여기 왔는가?"

"미륵선화를 보러 왔습니다."

노인이 말했다.

---

103   『삼국유사』「탑상」〈미륵선화〉조.

"아까 수원사 문 밖에서 이미 미륵선화를 보았는데 다시 와서 무엇을 구하려고 하는가?"

깜짝 놀란 진자는 땀을 흘리며 흥륜사로 달려 돌아왔다.

한 달 뒤에 진지대왕이 이 소식을 듣고 진자를 불러 사유를 물은 뒤 이렇게 말했다.

"그 소년이 이미 자기가 서울 사람이라고 했으니 성인이 헛된 말을 하지는 않았을 것이다. 이 성 안에서 찾아보는 것이 옳지 않겠느냐?"

진자가 어명을 받들고 무리들을 모아 민가를 두루 물색했다. 한 소년이 단장한 수려한 모습으로 영묘사 동북쪽 길가의 나무 아래를 거닐고 있었다. 진자가 그를 보고 놀라 속으로 말했다.

'이 소년이 바로 미륵선화이다.'

그리고 그에게 가까이 가서 물었다.

"그대의 집은 어디이며, 성씨는 무엇이오?"

그가 대답했다.

"내 이름은 미시(未尸)인데, 어렸을 때 부모가 같이 돌아가셨기 때문에 성이 무엇인지는 모릅니다."

진자는 소년을 가마에 태워 대궐로 들어가 대왕께 뵈었다. 대왕이 그를 공경하고 사랑하며 국선(화랑)으로 받들었다.

미시는 무리들과 화목하게 지내고 예의와 가르침이 보통 사람과 달라 거의 7년간 풍류로 세상을 빛냈다. 그런데 어느 날 갑자기 종적을 감추어 진자는 몹시 슬퍼하고 그리워했다. 그러나 그동안 미시의 자비로운 은혜를 많이 입었고 덕화를 가까이서 받았으므로,

스스로 뉘우치고 정성을 다해 도를 닦을 수 있었다. 만년에는 진자 또한 어떻게 되었는지 알 수가 없다.

어떤 사람은 이렇게 말했다.

"미(未)는 미(彌)와 소리가 서로 가깝고, 시(尸)는 력(力)과 글자 모양이 서로 비슷하다. 그래서 미륵과 서로 비슷한 것을 취하여 미언(謎言)으로 통했다. 부처가 유독 진자의 깊은 정성에만 감동한 것이 아니라, 이 땅에 인연이 있었으므로 자주 나타난 것이다."

지금까지도 나라 사람들이 신선을 가리켜 '미륵선화'라 일컫고, 남에게 중매서는 것을 미시(未尸)라 하니 모두 진자의 유풍이다. 그 가로수를 지금도 견랑수(見郞樹 : 화랑을 본 나무)라 하고, 우리말로는 사여수(似如樹)라고 한다. 이에 칭찬한다.

선화를 찾으려고 걸음마다 절하니
곳곳에 기른 것이 한결같은 공일세.
문득 봄이 가버려 찾을 곳이 없었으니
잠시 만에 뽕나무 숲이 붉게 꽃필 줄이야 그 누가 알았으랴.

근랑과 검군

검군(劒君)[104]은 대사(관직 12등급) 구문의 아들인데 사량궁을 담당하는 관리가 되었다. 진평대왕 건복 44년(627) 8월에 서리가 내려 모든 곡식이 해를 입었다. 다음 해 봄과 여름에는 기근이 심하여 백성들이 아들까지 팔아먹는 지경에 이르렀다. 이때 궁중의 관리들이 함께 모의하여 몰래 창예창 안의 곡식을 도둑질하여 나눠 가졌다. 검군이 홀로 이를 받지 않으므로 관리들이 그에게 말했다.

"모든 사람들이 다 받는데 그대만 홀로 받지 않는 것은 무슨 까닭인가? 적어서 안 받겠다면 더 주겠다."

검군이 웃으며 답했다.

"내가 근랑(近郎)공의 낭도로 이름을 올리고 그 풍월의 뜰에서 수

---

104   『삼국사기』 「열전」 〈검군〉조.

행하고 있으므로, 진실로 그 의리에 어긋나는 일이면 천금의 이로움이 있더라도 마음이 움직이지 않는다."

검군이 끝내 거절했다. 그때 이찬 대일의 아들이 화랑이 되어 근랑이라 불렀으므로 이렇게 한 것이다. 검군이 그들과 헤어져 근랑의 집으로 가니, 관리들이 비밀히 모의하여 말했다.

"검군을 죽이지 않으면 반드시 이 일이 누설될 것이다."

그리고는 검군을 불러들였다. 검군은 그들이 자기를 죽이려는 것을 알고 근랑에게 작별하여 말했다.

"오늘 이후에는 서로 다시 만날 수 없을 것입니다."

근랑이 그 까닭을 물어도 이유를 말하지 않았다. 재삼 이유를 묻자 검군이 간략히 상황을 설명했다.

"어찌하여 이 사실을 담당 관리에게 말하지 않는가?"

깜짝 놀란 근랑이 묻자 검군이 이렇게 답했다.

"내가 죽는 것을 두려워하여 많은 사람들을 죄로 다스리게 하는 것은 인정으로써 차마 하지 못할 일입니다."

"그러면 도망하면 어떠한가?"

근랑이 도주를 권했으나 검군은 이렇게 말했다.

"그 사람들의 마음이 비뚤고 내 마음은 정직한데, 도망한다는 것은 대장부가 할 짓이 아닙니다."

그리고 검군은 그들이 부르는 곳으로 갔다. 관리들은 술상을 차려두고 사과하는 척하였으나 음식에 몰래 독약을 넣어두었다. 검군은 이것을 알면서도 태연히 먹고 쓰러져 죽었다.

어느 군자가 이런 말로 검군을 기렸다.

"검군의 죽음은 그 장소를 가리지 못했으니 가히 태산같이 귀한 목숨을 새털보다 가볍게 여긴 사람이라고 말할 것이다."

김영윤

김영윤(金令胤)[105]은 사량(沙梁) 사람으로 급찬 반굴의 아들이고 각간
(관직 1등급) 흠순(유신의 아우)의 손자이다. 흠순은 진평대왕 때
화랑이 되었는데 어질고 신의가 두터워 많은 사람의 마음을 얻었
다. 문무대왕 때에 재상이 되어 임금을 충성으로 섬기고 백성들을
너그러운 마음으로 대하였다.

660년(무열대왕 7년)에 당나라 고종이 대총관 소정방에게 명하여 백
제를 정벌했는데, 흠순도 무열대왕의 명을 받고 김유신 장군 등과
함께 정병 5만 명을 거느리고 출정했다. 7월에 황산벌에서 백제장
군 계백의 군사를 만나 싸웠는데, 형세가 매우 불리했다. 흠순이 아
들 반굴을 불러 말했다.

---

105 『삼국사기』「열전」〈김영윤〉조.

"남의 신하가 되어서는 충성을 다해야 하고 남의 아들이 되어서는 효도를 다해야 한다. 위급한 일을 보고 목숨을 내놓는 것은 충성과 효도를 다하는 일이다."

반굴이 "잘 알겠습니다."라고 말하고는 바로 적진으로 달려 들어가 싸우다가 죽었다.

이런 명문가에서 자라난 영윤은 명예와 절개를 간직하고 있었다. 684년(신문대왕 4년)에 고구려의 남은 적 실복이 보덕성에 잠복하여 반란을 일으켰다. 대왕은 토벌을 명하고 영윤을 황금서당(黃衿誓幢)[106] 보기감(步騎監)으로 삼았다. 출정에 앞서 영윤은 사람들에게 말했다.

"내가 이번에 출정하면 집안의 사람들과 벗들에게 나쁜 소리를 듣지 않게 힘껏 싸울 것이다."

전장에 나가 실복이 나타나자 신라군은 가잠성 남쪽 7리 되는 곳에 나와 진을 치고 대기하고 있었다. 어떤 이가 알렸다.

"지금 이 흉악한 무리들을 비유해 말하자면 제비가 장막 위에 깃들인 것과 같고, 물고기가 솥 안에서 노는 모양과 같으니, 만 번 죽을 지경에서 하루의 목숨을 다투는 것뿐이다. 옛말에도 궁한 도둑을 쫓지 말라고 하였다. 조금 그대로 두고 피로가 극심한 것을 기다려 격파한다면 칼에 피를 묻히지 않고도 사로잡을 수 있다."

모든 장수들이 그 말이 옳다 하고 물러섰으나 영윤은 홀로 이를 반대하여 싸우려 했다. 시중하는 사람이 이렇게 말했다.

106　황금서당은 9서당의 하나로, 신문대왕 3년(683)에 고구려민으로 만든 군대이다. 9서당은 옷깃의 색에 따라 구분했으며 황금서당은 옷깃의 색이 황적색이었다.

"지금 여러 장수들이 모두 살기만을 탐하고 죽기는 싫어하는 사람들이 아닙니다. 그들의 뜻은 장차 기회를 보아 토벌하기에 편리한 보답을 얻으려는 것인데, 당신만 홀로 바로 맞싸우려고 하니 그것은 불가하지 않을까요?"

영윤이 이에 이렇게 대꾸했다.

"『예경(禮經)』에는 싸움에 임하여 용맹이 없으면 안 된다고 했고, 군사의 도리는 진격만 있고 퇴각이 없는 것이다. 장부가 일을 할 때는 스스로 결단하면 되지, 여러 사람의 의견에 따라야 하는가?"

마침내 적진으로 뛰어들어 맹렬히 싸우다가 전사했다. 이 말을 들은 신문대왕은 슬피 통곡하고 눈물을 흘리며 말했다.

"그런 아버지(반굴을 말함)가 없었다면 이런 아들이 없을 것이니 그 의열(義烈)이야말로 가히 상을 줄 일이다."

이에 벼슬을 추증하고 상을 더욱 후하게 주었다.

관창[官昌 또는 관장(官狀)][107]은 장군 품일의 아들로서 용모와 행동이 단아하여 어린 나이에 화랑이 되었다. 사람들과 잘 사귀고 16살에 말타기와 활쏘기에 능하므로 대감 한 사람이 그를 무열대왕에게 천거했다. 660년(무열대왕 7년)에 신라가 당나라 장군 소정방 등과 함께 백제를 침공할 때, 관창을 부장으로 삼았으며 신라군은 황산벌에서 백제군과 맞붙어 싸우게 되었다. 품일이 아들 관창을 불러 말했다.

"너는 나이는 어리지만 의지와 기개가 있다. 오늘이야말로 공영을 세우고 부귀를 얻을 때이니 용맹하게 싸워야 하느니라."

관창이 "잘 알았습니다."라고 말하고는 바로 말을 타고 창을 휘두르며 적진으로 쳐들어가 적을 몇 명 죽였다. 그러나 적은 무리가

---

107   『삼국사기』 「열전」 〈관창〉조.

많으므로 적에게 사로잡혀 백제장군 계백 앞에 끌려갔다. 계백은 관창의 투구를 벗겨 보고 그가 소년이므로 놀랐다. 또한 그 용맹함을 사랑하여 차마 해를 가하지 못하고 도리어 감탄하여 말했다.

"신라에는 기이한 용사들도 많구나. 소년도 이와 같은데 장수들이야 더 말해 무엇하겠는가?"

이에 관창을 살려 돌려보냈다. 관창이 돌아와 말했다.

"내가 적진 속으로 뛰어들었으나 장수를 죽이고 깃발을 빼앗아 오지 못한 것이 매우 원망스럽다. 다시 들어가면 반드시 성공할 것이다."

관창은 손으로 우물물을 움켜 마시고는 적진으로 다시 달려가 힘껏 싸웠다. 계백은 그를 사로잡아 이번에는 목을 베고 말안장에 매달아 돌려보냈다.

품일은 아들 관창의 머리를 들고 소매로 피를 씻으며 말했다.

"내 아들의 얼굴이 살아 있는 것 같구나. 나라를 위해 기꺼이 죽었으니 후회는 없을 것이다."

이를 본 3군은 크게 분개하여 모두 결사의 뜻을 세우고, 북을 울리고 함성을 지르며 진격하니 백제군은 대패했다. 대왕은 관창에게 급찬 벼슬을 추증하고 예를 갖추어 장사지냈으며 부의로 비단 30필, 베 30필 및 곡식 100석을 주었다.

흠운(歆運)[108]은 내물왕의 8세 손으로 부친은 잡찬(관직 3등급) 달복이다. 어렸을 때 풍월주 문노의 문하에서 배웠는데, 낭도들로부터 "누구누구는 전사하여 지금까지 이름을 남겼다."는 이야기를 들으면 감개하여 눈물을 흘리면서 자신도 반드시 그런 사람이 되겠다고 다짐했다. 같은 문하에 있던 중 전밀은 흠운의 행동을 보고 이렇게 말했다.

"이 사람은 만약에 적진으로 나간다면 반드시 돌아오지 않을 것이다."

655년(무열대왕 2년)에 백제가 고구려와 함께 변경을 침범했다. 대왕은 이를 토벌하기 위해 군사를 일으키고 흠운을 낭당대감으로 삼

---

108   『삼국사기』「열전」〈김흠운〉 조.

았다. 그는 집안에 들어가 자지도 않고 비바람을 맞으며 군사들과 고락을 같이 했다. 백제의 지경에 이르러 양산 밑에 병영을 설치하고 조천성으로 나가 치려고 하였는데, 백제군이 밤을 틈타 달려와 동이 틀 때까지 숨어 있다가 갑자기 쳐들어왔다.

신라군은 크게 놀라 어찌할 바를 모르고 혼란하여 진정할 수 없게 되었다. 적들은 어지러운 틈을 이용하여 급히 공격하니 화살이 빗발처럼 날아 들어왔다. 이때 흠운이 말 위에 앉아 창을 거머쥐고 적을 기다리는데 대사(관직 12등급) 전지가 말했다.

"지금 적들은 어둠 속에 일어나 지척을 잘 가릴 수 없으므로 비록 공이 싸우다 죽는다 하더라도 사람들은 이를 알지 못할 것이다. 공은 신라의 귀한 골품이며 대왕의 사위이므로 만약 적병의 손에 죽는다면 백제는 이를 자랑으로 여길 것이니, 우리로서는 큰 부끄러움이 될 것입니다."

흠운이 말했다.

"대장부가 이미 몸을 나라에 맡기었거늘 사람들이 이를 알든 알지 못하든 마찬가지다. 어찌 감히 명예만을 구하리오?"

흠운이 꿋꿋하게 서서 움직이지 않으므로 시중하는 사람들이 말 고삐를 잡고 돌아오기를 권했으나 듣지 않았다. 마침내는 칼을 빼어 휘두르며 적과 싸워 몇 명을 쳐 죽이고 자신도 전사했다.

이에 대감 예파와 소감 적득도 함께 싸우다 죽었다. 보기당주 보용나는 흠운이 전사했다는 말을 듣고 말했다.

"흠운공은 골품이 귀하고 세도도 영화로우므로 사람들이 애석하게 여기는데도 절개를 지켜 죽었는데, 나야 살아도 이로움이 없고 죽어도 손상이 없는 몸이 아니냐?"

그리고는 적진으로 달려들어 적 서넛을 죽이고 전사했다.

무열대왕은 이 말을 듣고 슬퍼하며 흠운과 예파에게는 일길찬(관직 7등급) 벼슬을 추증하고, 보용나와 적득에게는 대나마(관직 10등급)를 추증했다. 이때 사람들은 이 말을 듣고 「양산가(陽山歌)」를 지어 부르며 슬퍼했다.

김부식은 『삼국사기』에서 화랑제도에 대해 이렇게 논했다.

"신라에서는 인재를 잘 알지 못하는 것을 걱정하여 사람들을 많이 모아 놀게 하여 그 행실을 관찰한 후에 이를 천거하여 등용하려고 했다. 드디어 미모의 남자를 골라 곱게 단장시키고 이를 화랑이라 이름하여 받들게 했다. 많은 무리들이 구름같이 모여들어 혹은 서로 도의를 연마하고 혹은 서로 음악을 즐기며, 산수를 찾아 즐기고 놀면서 먼 곳까지 가지 않는 데가 없었다. 이로 인하여 그 사람의 옳고 그름을 알게 되어 그중에서 인재를 뽑아 조정에 천거했다."

그리고 『화랑세기』를 인용하여 이렇게 기록했다.

"그러므로 김대문이 말하기를, '어진 재상과 충성스러운 신하가 여기에서 뽑혀나오고, 훌륭한 장수와 용감한 군사가 이로부터 생겨나왔다'고 한 것이 이를 가리킨다. 화랑은 무려 200여 명이나 되고 그 꽃다운 이름과 아름다운 자취는 그 전기[109]에 갖춰 있는 것과 같다. 김흠운과 같은 사람도 또한 화랑으로서 능히 목숨을 나라 일에 바쳤으니, 가히 화랑의 이름을 욕되게 하지 않은 사람이라고 말할 것이다."

---

109 『화랑세기』를 말함.

죽지

죽지(竹旨)랑¹¹⁰의 아버지인 술종이 삭주 도독¹¹¹이 되어 삭주로 부임하는 길이었다. 때마침 나라에 변란이 일어나 기병 3,000명이 호송했다. 죽지령에 이르렀을 때 한 거사가 고갯길을 평평하게 고르고 있는 것을 본 술종은 그를 찬미했다. 거사 또한 공의 당당한 위세를 아름답게 여겼다.

한 달 후 술종은 거사가 방 안으로 들어오는 꿈을 꾸었다. 그런데 부인도 같은 꿈을 꾸었다고 하여 매우 놀라며 괴이하게 여겼다. 이튿날 사람을 보내 거사의 안부를 물었더니 사람들이 말했다.

110　『삼국유사』「기이」하 〈효소왕시대 죽지랑〉조.
111　신라 9주의 책임자를 원성대왕 원년(785)부터 도독이라 하였으며. 그 전에 지증대왕 6년(508)에 이사부를 실직주 군주(軍主)로 삼았는데 문무대왕 원년(661)에 총관(摠管)으로 고쳤다가 다시 도독이라 했다.

"거사가 죽은 지 며칠 되었습니다."

사자가 돌아와 그가 죽은 날을 말하니 꿈을 꾼 날과 같았다. 술종이 부인에게 말했다.

"아마도 거사가 우리 집에 태어나려나 보오."

다시 군졸을 보내 죽지령 위 북쪽 봉우리에 장사지내고 돌미륵을 만들어 무덤 앞에 세웠다. 부인이 꿈꾼 날부터 태기가 있었는데 아들을 낳은 뒤에 고개 이름을 따서 죽지라고 이름지었다. 죽지는 자라서 벼슬길에 올랐으며 유신과 함께 부장군이 되어 삼한을 통일하고, 진덕·무열·문무·신문대왕의 4대에 걸쳐 재상으로 나라를 안정시켰다.

제32대 효소대왕 때 죽지의 낭도 가운데 급간 득오가 있었다. 화랑의 명부인 『풍류황권』에 이름이 올라 있어 매일 출근하더니 열흘 동안 보이지 않았다. 죽지가 득오의 어머니를 찾아가서 물었다.

"아들이 어디 갔습니까?"

"당전(幢典)인 모량부의 아간 익선이 우리 아들을 부산성의 창고지기로 임명했습니다. 급히 달려가느라고 화랑께 하직인사도 드리지 못했습니다."

죽지가 말했다.

"당신 아들이 사사로운 일로 거기 갔다면 찾아갈 필요가 없지만, 공무로 떠났다고 하니 내가 찾아가 대접을 해야겠습니다."

죽지가 떡과 술을 가지고 하인들을 데리고 갔으며 낭도 137명도 복장을 갖추고 따랐다. 부산성에 이르러 문지기에게 물었다.

"득오가 어디 있느냐?"

"익선의 밭에 있습니다. 관례에 따라 부역을 하고 있습니다."

죽지가 밭으로 가서 가지고 온 떡과 술을 먹였다. 그리고 익선에게 말미를 청해 득오와 함께 돌아가려고 했다. 그러나 익선이 굳게 거절하며 허락하지 않았다. 이때 간진이라는 관리가 조세 30석을 거두어 성 안으로 나르고 있었다. 그는 죽지가 선비를 사랑하는 풍모를 아름답게 여기고, 익선이 융통성이 없는 것을 야비하다고 보았다. 그래서 자기가 거둔 30석을 익선에게 주면서 득오의 귀가를 더불어 청했다. 그런데도 허락을 하지 않으므로 사지 진절의 말과 안장을 주니, 익선은 그제서야 허락했다.

풍월주가 그 이야기를 듣고 사자를 보내 익선을 잡아들이라 했다. 그러나 익선은 재빨리 달아나 숨고 그의 맏아들이 대신 잡혀왔다. 때는 2월이라 몹시 추웠는데, 성 안의 못에서 목욕을 시켜 얼어 죽게 했다.

대왕도 그 말을 듣고 조칙을 내려 모량리 사람 가운데 벼슬하는 자를 모두 내쫓고 다시는 관서에 발을 붙이지 못하게 하고 중이 되는 것도 금했다. 중이 되더라도 종 치고 북 울리는 절에는 들어가지 못하게 했다. 당시 고승이었던 원측법사도 모량리 사람이었기 때문에 승직을 받지 못했다. 한편, 대왕은 아전 간진의 자손은 마을의 사무를 맡도록 특별히 대우했다.

득오가 죽지를 사모하여 이런 노래를 지었다.

지나간 봄 돌아오지 못하니
살아 계시지 못하여 울 이 시름.

전각을 밝히신

모습이 해가 갈수록 헐어가도다.

눈의 돌음 없이 저를

만나보기 어찌 이루리.

낭(郎) 그리는 마음의 모습이 가는 길

다복 굴헝에서 잘 밤 있으리.

『삼국유사』에 죽지에 대해 이와 같이 간략히 기록하였으므로,
『삼국사기』에 보인 죽지의 활동을 살펴보자.

649년(진덕여왕 3년)에 백제장군 은상이 쳐들어와 석토성 등 7성을
함락시키므로 여왕이 대장군 김유신과 장군 진춘·죽지·천존 등에
게 막게 했다. 신라군은 적을 불시에 습격하여 크게 격파하여 장수
100명을 사로잡고 군졸 8,900명을 베어 죽였다. 2년 뒤 죽지는 집
사부의 책임자인 중시가 되어 기밀사무를 맡았다.

668년(문무대왕 8년)에 당나라와 연합하여 고구려를 칠 때 죽지도 경
정총관으로 출정했다. 신라군은 당군과 합세하여 평양성을 포위하
고 공격하니, 보장대왕은 결국 항복하고 고구려는 최후를 고하고
말았다.

670년에는 백제의 부흥을 도모하는 무리들의 움직임이 심상치
않으므로 대왕은 품일 이하 여러 장군에게 백제의 전면 토벌을 명
했다. 품일 장군 등은 33성을 공취하여 그곳 사람들을 내지로 옮겼
고, 죽지와 천존은 7성을 공취하여 2,000명을 참살했다.

다음 해인 671년에 문무대왕은 죽지를 백제에 보냈다. 죽지는 가

림성으로 쳐들어가 벼를 밟아 군량을 없애버리고 드디어 당나라군사와 석성에서 싸워 5,300명의 목을 베었다. 백제 장군 2명과 당나라의 과의(果毅) 6명을 사로잡았다. 이 전투는 연합군이던 신라와 당나라와의 첫 충돌이었다. 당나라는 당초 백제와 고구려 정벌시 백제 땅은 신라에 주기로 약속했는데도, 약속을 어기고 웅진도독부를 두어 직접 백제를 다스렸다. 이에 문무대왕이 군사로써 옛 백제 땅을 차지하려 당나라 군대와 싸운 것이다.

김응렴

신라 제48대 경문대왕의 이름은 응렴(膺廉)[112]인데, 18살에 국선(화랑)이 되었다. 왕족인 응렴이 20대 청년이 되자 헌안대왕이 대궐에서 잔치를 베풀고 물었다.

"자네가 국선이 되어 사방으로 돌아다니면서 어떤 이상한 일을 보았는가?"

"신이 아름다운 행실을 지닌 사람 셋을 보았습니다."

"어떤 이야기를 들었는가?"

"첫째로, 남의 윗자리에 있을 만한데도 겸손하여 남의 아랫자리에 앉는 사람이 있었습니다. 둘째로, 대단한 부자인데도 검소하게 입는 사람이 있었습니다. 셋째로, 본래 존귀하고 권세가 있는데도

---

112 『삼국유사』「기이」하 〈경문대왕〉조.

위세를 부리지 않는 사람이 있었습니다."

대왕이 그 말을 듣고 응렴이 진정 어진 것을 알고는 자기도 모
르게 눈물을 흘리며 말했다.

"짐이 두 딸이 있는데 자네를 배필로 삼고 싶다."

응렴이 절하고 물러나 부모에게 고하니 놀라고 기뻐하며 자제들
을 모아놓고 의논했다.

"대왕의 맏공주는 얼굴이 매우 못생겼고, 둘째 공주는 매우 아름
다우므로 둘째 공주에게 장가들면 행복할 것이다."

소문을 듣고, 응렴의 낭도 가운데 우두머리인 범교사가 응렴을
찾아왔다.

"대왕께서 공주를 공에게 아내로 주시려 한다는데 그 말이 사실
입니까?"

"그렇습니다."

"누구에게 장가드시렵니까?"

"부모님께서 내게 아우가 좋겠다고 하셨습니다."

"낭께서 아우에게 장가드신다면 저는 반드시 낭이 보는 앞에서
죽을 것입니다. 언니에게 장가드시면 반드시 3가지 좋은 일이 있을
것이니 명심하십시오."

"시키는 대로 하겠습니다."

얼마 후 대왕이 날을 가려서 응렴에게 사자를 보내 물었다.

"두 공주 중 공의 마음대로 하시오."

사자가 돌아와 공의 뜻을 아뢰었다.

"맏공주를 맞으시겠다 합니다."

이리하여 응렴은 맏공주와 혼인했다. 그로부터 석 달 뒤, 대왕은 병이 나서 몸져누웠다. 대왕은 신하들을 불러 말했다.

"짐은 아들이 없으니 짐이 죽으면 뒤는 맏사위 응렴이 잇도록 하라."

이튿날 대왕이 세상을 떠나자 응렴이 유조를 받들어 즉위했다. 그러자 범교사가 대왕에게 나아가 아뢰었다.

"제가 아뢰었던 3가지 좋은 일이 이제 모두 드러났습니다. 맏공주에게 장가드셨으므로 왕위에 오른 것이 첫째입니다. 옛날에 그리워했던 둘째 공주도 이제 쉽게 취할 수 있게 된 것이 둘째입니다. 언니에게 장가들었으므로 선왕과 황후께서 매우 기뻐한 것이 셋째입니다."

대왕이 그 말을 고맙게 여겨 대덕 벼슬을 내리고 황금 130냥을 주었다. 15년 뒤에 대왕이 세상을 떠나자 시호를 경문(景文)이라고 올렸다.

대왕의 생전에 기이한 일이 2가지 있었다.

한 가지는 날마다 해가 저물면 침전에는 많은 뱀이 모여드는 것이었다. 깜짝 놀란 궁인들이 두려워하며 몰아내려 하자 대왕이 말했다.

"과인은 뱀이 없으면 편히 잠을 이루지 못하니 금하지 말라."

왕이 잘 때마다 뱀들이 혀를 날름거리며 가슴을 뒤덮었다.

두 번째 기이한 일은 대왕이 즉위하자 갑자기 귀가 당나귀 귀처럼 길어진 것이었다. 황후와 궁인들은 모두 몰랐지만 딱 한 사람, 두건을 맡은 장인만은 알았다. 그러나 그는 평생 아무에게도 말하지 않았다. 죽을 무렵에야 도림사 대나무 숲에 들어가 아무도 없는 데서 외쳤다.

"우리 임금님 귀는 당나귀 귀 같다!"

그 뒤부터 바람이 불면 대나무 숲에서 이런 소리가 났다.

"우리 임금님 귀는 당나귀 귀 같다!"

대왕이 그 소리를 싫어하여 대나무를 모조리 베고 그 자리에 산수유를 심었다. 그 뒤로는 바람이 불면 이런 소리가 났다.

"우리 임금님 귀는 길다!"

요원랑·예흔랑·계원·숙종랑

국선 요원·예흔·계원·숙종[113] 등이 금란굴에서 놀았는데 은연중에 임금을 위해 나라를 다스릴 뜻이 있었다. 그래서 노래 세 수를 지어 사지 심필에게 원고를 주며, 대구화상(大矩和尙)[114]에게 보내 세 노래를 짓게 했다. 첫째 이름은 「현금포곡」이고, 둘째는 「대도곡」이며, 셋째는 「문군곡」이다. 들어가 왕에게 아뢰자 대단히 기뻐하며 칭찬했다. 아쉽게도 그 노래는 알 수 없다.

---

113 『삼국유사』「기이」 하 〈경문대왕〉조에 이어지는 내용이다.
114 후일 진성대왕의 명으로 향가집 『삼대목』을 편찬한 승려이다.

화랑이야기

부록

신라 화랑
세계도

풍월주시대 왕위계승도

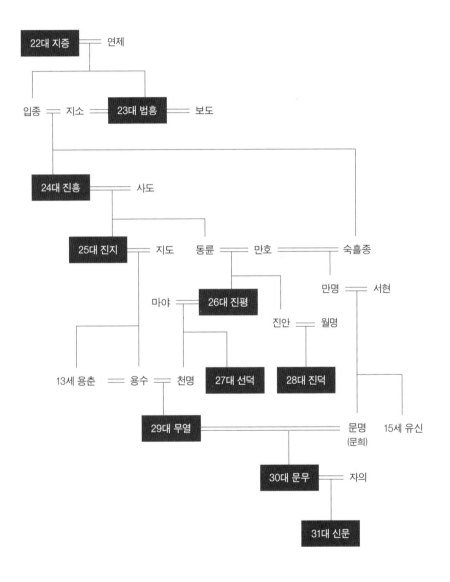

1세 · 4세 · 12세 · 20세 · 28세 풍월주 세계도

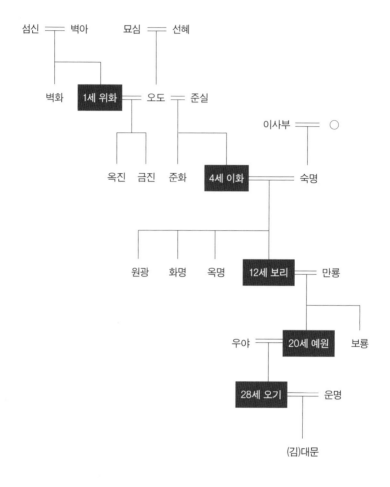

2세 · 6세 · 8세 · 10세 · 11세 · 13세 · 17세 · 25세 풍월주 세계도

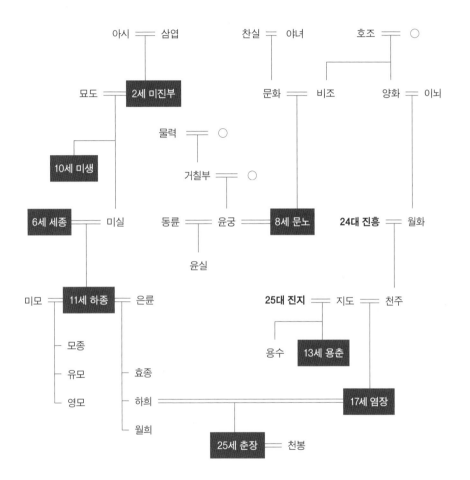

5세 · 7세 · 16세 · 22세 풍월주 세계도

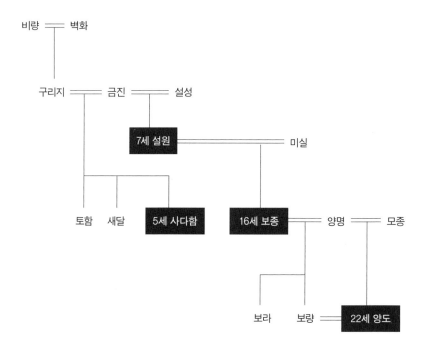

15세 · 18세 · 19세 풍월주 세계도

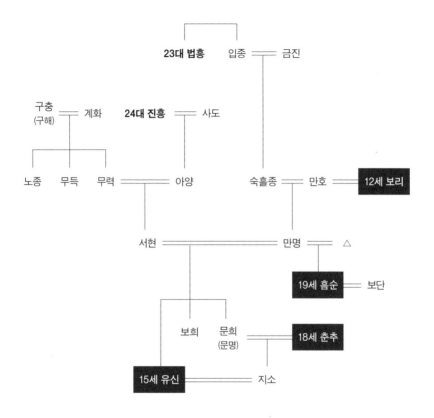

12세 · 20세 · 21세 · 28세 풍월주 세계도

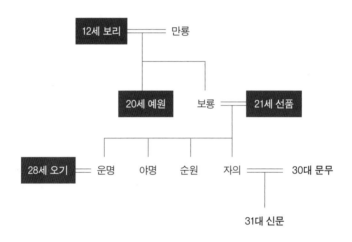

26세 · 27세 · 31세 · 32세 풍월주 세계도

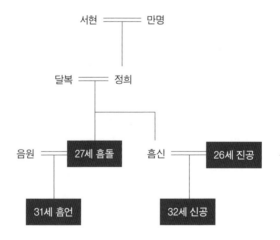

17세 · 23세 · 24세 · 30세 풍월주 세계도

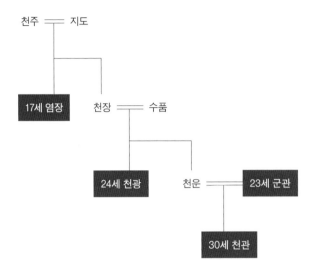

화랑 이야기

초판 1쇄 펴낸 날   2017. 1. 17.

지은이   황순종
발행인   양진호
책임편집   위정훈
디자인   강영신
발행처   도서출판 인문서원

등 록   2013년 5월 21일(제2014-000039호)
주 소   (121-893) 서울시 마포구 양화로 56 동양한강트레벨 718호
전 화   (02) 338-5951~2
팩 스   (02) 338-5953
이메일   inmunbook@hanmail.net

ISBN   979-11-86542-34-7 (03910)

이 도서의 국립중앙도서관 출판예정도서목록(CIP)은 서지정보유통지원시스템 홈페이지(http://
seoji.nl.go.kr)와 국가자료공동목록시스템(http://www.nl.go.kr /kolisnet)에서 이용하실 수 있습
니다. (CIP제어번호: CIP2016027684)